古人的想法真奇怪

豆子——著

**52個有趣提問，
串起古人的
世界觀、人生觀、價值觀**

目次

世界觀

人生觀

價值觀

世界觀

01 相對先進的「渾天說」，為什麼會敗給「天圓地方說」？

「天地混沌如雞子」，是盤古開天闢地傳說中的觀點，其實是引用自渾天說的理論。渾天說認為「天地如雞卵，地處天中猶卵黃」（王夫之《思問錄．外篇》）。天和地就像雞蛋一樣，地在天中，就像蛋黃。把天地比作雞蛋，可以說是相當先進的理論了，但為什麼後來是「天圓地方說」占據了主流呢？

因為古代帝王不允許。

雖然渾天儀是張衡製作的，但渾天說出現得遠比張衡早得多。張衡（78-139）是古代天文理論的集大成者。他從小聰穎異常，癡迷天文、地理，後來發揚先秦時的渾天說，動手改進了渾天儀。

可惜渾天儀「說明書」《渾天儀注》不久後就失傳了。然而，這篇「論文」的引用量實在是高，高到人們能從其他作品上看到許多被引用的段落，因此能夠知道個大概。

除了「雞蛋」理論，張衡還表示，地球孤獨地懸浮在天內，天很大，而地很小。地球為什麼能懸浮呢？是因為天的表裡都有水，天與地各自都乘著水，被氣推動。周天三百六十五度的四分之一，我們看見的只有其中的一半，所以二十八宿半隱半現。天就像車輪一樣旋轉運作。

與此同時，張衡認為，月亮本身不會發光，看起來像發光，是因為反射了太陽的光。月食則是因為月亮運行到太陽和地球之間，三者成一條直線，陽光被地球遮住而形成了暗虛。（張衡《靈憲》：「當日之沖，光常不合，是謂暗虛。在星則星微，遇月則月食。」）

由此可以推測，他應該知道大地是圓的。

可惜的是，後世渾天家因為種種限制，並沒有探討地球的形狀。人們竟默認蛋黃只是一個比喻，依舊認為大地是個圓盤，漂在水上。

然而，即便渾天說沒有過多糾纏於大地是不是球體，在當時也遭到了嚴重的非議。它挑戰了已經存在上千年的「蓋天說」的權威，渾天家的「論文」發表後，蓋天家的震驚程度絲毫不亞於一五四三年哥白尼發表「日心說」後歐洲學界的反應。

雙方吵得不可開交，掀起了一輪又一輪的罵戰，極盡嘲諷之能事，罵了幾百年不止，幽默健談的西漢學者揚雄就參與其中。他起初是蓋天說的堅定支持者，後來被說服後，竟掉轉槍口，加入了渾天說的陣營，發表了震驚學界的〈難蓋天八事〉，對蓋天說進行了猛烈炮轟，揭露了其荒謬之處。

作為突然跳反的猛人，揚雄要求蓋天說的支持者務必給個說法，否則就應該老老實實地認錯。

他從小就是神童，少年時已博覽群書，通讀各科經典，達到了過目不忘的地步，後來成為一代巨擘。這樣的人為什麼起初還是會相信蓋天說呢？

這是因為在古代，蓋天說並非如我們理解的那樣荒誕，它有模型，有一定的資料支持，能夠完美地解釋人們的諸多困惑。

蓋天說出現的時間很早，有過一系列理論補充。比如，「天圓如張蓋，地方如棋局」，天就像一個華蓋（傘），地就像一個棋盤，曾子就否定過這個觀點。

他認為，既然天是圓蓋，地是棋盤，那地的四個角豈不伸出天外去了？他還聽他的老師（孔子）說過，這裡的天實際上是指天道，天道是圓潤的，地是指地道，人間的法則必須是方正的。

由於連曾子都不信蓋天那一套說法，蓋天家們便向前邁了一步，改說：「天還是圓的，地則是拱形的。」也就是「天象蓋笠，地法覆盤」（《周髀算經》）。天像個蓋子，地是與天平行的一個弧，就好像倒扣的盤子。

這時候，蓋天說其實已經很像那麼回事了，經得起一些實測的考驗，所謂「瞻星望月，蓋不及渾；度景量天，渾不及蓋」。然而，對於日月星辰的測算是蓋天的短處。按它的模型運算，衝突太多。解釋天象，還得靠渾天說。

渾天說挑戰了蓋天說的權威，遭到了嘲笑，也是有原因的。

在西漢，率先被官方邀請的渾天說學者，是巴蜀一位名叫落下閎的人。京城的學者認為他沒接受過高等教育，就是個民間科學愛好者。落下閎被徵召進京後，極有可能造出了第一代渾天儀。但因為出身寒微，他的技術和理論都被人瞧不起。

到西漢漢昭帝時，天文學家鮮於妄人檢驗了渾天說，引起了一定的討論，漸漸有了一批堅定的支持者。

但是注意，「鮮於妄人」很可能不是這位學者的真名。所謂妄人，就是狂妄之人。我懷疑這個名字就和武則天時期的「梟庶人」、朝鮮王朝女子「金介屎」一樣，可能是因為後來他說了什麼話，辦了什麼事，觸怒當權，被剝奪了原名，安上這個惡名。

渾天說的發展，就是這樣艱難。

然而，真理越辯越明，到揚雄的時代，渾天說已經與蓋天說平分秋色。揚雄起初學的是蓋天說，之所以改變立場，是在與朋友一次次辯論，一次次實際測驗後，意識到了自己的錯誤。當他意識到自己是錯的，就立即毀掉了自己之前所有關於蓋天說的論文，成了渾天說的支持者。至此，渾天說被大量學者認可，走向歷史的舞臺，成為漢人天地觀的主流。

然而，幾百年後，人們對天地的認知又被重塑了。

南北朝時期，相對落後的蓋天說得到了梁武帝的支持。他之所以這麼做，是因為他喜歡和天竺（古印度）來的僧人聊天，他還曾召見過達摩祖師。

在古印度，有一種類似於蓋天說的天體運行說。梁武帝並不是學者，卻對佛教感興趣，從天竺僧那裡瞭解到這種學說後，深表認同，雙手支持，便發布命令，令學者持蓋天說。

唐代天文發達，渾天說又被確立為主流。宋代的理學家更進一步提出「地在氣中」的觀點，表示大地其實是在氣中的，並不在水中。這時的人們已經很接近真相。

然而，元代以後，無論是渾天說，還是改進後的蓋天說，都沒能成為學界與民間的主流。上上下下對於天地的認識，竟又回到了最原始的「天圓地方」上去了。

此後的朝代，除了引入一些西方的天文曆法，天文研究本身並沒有什麼像樣的建樹。甚至「大地是圓球」的觀點在被引入後，也遭到人們的非議，直至清末才有所好轉。

究其原因，是因為「天圓地方」的觀念更符合統治者的需要，迫使人們對天地的觀測與思考陷入嚴重停滯的狀態。由於古代君王的所為總是「上應天象」，天象沖和，代表著實行了仁政。天降異象，就要發罪己詔。那些謀反的人，無不喜歡請人「夜觀天象」，利用民眾對上天敬畏和恐懼的心理來製造事端。因此，統治者嚴厲禁止民間的天文勘測與學習，甚至設下法律規定：

凡私自學習天文曆法的人，流放、充軍。製造、發明新曆法的人，殺頭。（沈德符《萬曆野獲編》：「習曆者遣戍，造曆者殊死。」）

要知道，一個學科，一項技術，如果沒有足夠多新鮮血液的注入，沒有足夠多的研究者，只在極少部分人中流傳，漸漸就會失傳，甚至出現嚴重的返祖現象。

以保溫瓶為例。宋人張虞卿，曾在土中挖出一個幾百年前的瓶子，居然能儲存熱水。他本來不知道這個瓶子有保溫的功能，只是倒熱水進去，過了兩天居然還燙嘴，於是一直帶在身邊自用。後來，他一個不小心把瓶子打碎了，才看見裡面是雙層的。

但是，在宋代，「保溫瓶」的製作工藝已經失傳，也沒人知道它什麼時候流行過，有哪些人會做。即便有人知道了結構，也沒能複製出來。到了二十世紀初，日本製造的保溫瓶才反過來進入中國市場，市民們見到這樣神奇的東西，非常興奮，稱之為「魔法瓶」，爭相購買。

同理，天文測量與大討論，也受到狹小流傳面的限制，漸漸變得萬馬齊喑。僅存的一點餘熱，也隨時會被官家撲滅。人們對天與地的理解出現了返祖現象，「天如華蓋，地如棋盤」的蓋天說，再度占據主流，成為多數人的天地觀。

很多時候，技術是服務於秩序的。當系統趨於保守，人們的思想也就裹足不前了。直至人們走向新的時代，換了新系統，才有機會探索宇宙的真相。

楚國詩人屈原著有〈天問〉，兩千三百年過去了，有的問題已經有了答案，有的問題還是沒有答案。追求真理的過程總是艱苦而又漫長的，人們昂首天外，埋頭苦幹，有了更宏偉的天地觀。路漫漫其修遠兮，吾將上下而求索——這就是最偉大的浪漫主義。

02 古人知不知道「時差」這個概念？

成吉思汗西征的時候，發生了一件讓人匪夷所思的事：二月初一和五月初一，尋思干（今烏茲別克斯坦的撒馬爾罕城）天空的西南方向，居然能看見小小的月牙。這個小小的月牙，似乎意味著傳統曆法的崩塌。按道理，每月初一，天上是不該有月牙的，這是自古以來的經驗，從沒有出現過差錯。如今月牙卻在天上安靜地掛著，到底是為什麼呢？

成吉思汗要求太史把這個現象記錄下來後，也就擱置不管了。可是，大臣耶律楚材卻格外在意。因為他認為，這絕對不是偶然的現象。果然，更加古怪的事情發生了。依據《大明曆》（南北朝科學家祖沖之創制的一部曆法，也稱「甲子元曆」）推算，十五日子正（凌晨零點整）時，天上會有月食出現。可是，這回才到初更（晚上九點）月食就出現了。

耶律楚材精通治國之道，旁通天文、地理、律曆、術數、釋老、醫卜之說，博學到了驚人的程度。之前，太史們利用《大明曆》預測，準確度較高，但還不夠精確。經過他的修正，誤差已經變得很小了。他靠著改進的演算法，成功預測出好幾次月食，精確到月食出現的時刻及月亮的哪個部位會被蝕掉幾分之幾。

但他卻栽在了尋思干的異象上。

這種等級的失誤，他也是頭一回遇見。

雖然也算出現了月食，但是時間不對。放別人身上，糊弄著也就過去了，但在耶律楚材這裡過不去。他對自己的計算能力很有信心，認為那是不可能出錯的，如果計算沒錯，那麼就一定是老天爺錯了，或者說，人們對老天有什麼誤解。

他決定搞清楚其中的原理，再向大汗通俗地解釋。研究了一陣子，他有了結論：尋思干的時間和中原的時間不一樣！

具體來講，當中原的時間是子正（凌晨零點整），尋思干才是初更（晚上九點）。尋思干的時間永遠比中原慢三個小時，這種差異，叫作「里差」。

很多書籍都將「里差（時差）」的發現歸於耶律楚材，畢竟這個概念的詳細解釋是他寫出來的。然而，耶律楚材沒有貪功，在奏本中，他明確說「里差」並不是他率先發現的。這個概念早就被唐代的一行和尚提出過，只不過時隔太久，漸漸被人遺忘。

《西征庚午元曆》記錄了耶律楚材計算里差的方法。中國科學院自然科學研究所孫小淳教授轉寫該公式為：

$$T = M \times 0.0435 \times 6/2615 \text{（時辰）}$$

這裡的M（距離）與現在實際測量資料相比偏大，用現在地圖上算出來的里數（元制中的一里，為現今公制的四百四十四公尺*），再乘以1.42，才是準確數值。

依據這個公式，將里差的因素考慮進去，再去算天象，就非常準確了。不管是開封還是西域，東瀛還是拜占庭，數萬里的距離，都可以做到精確無誤。（《元史・卷五十二・志・曆》：「雖東西萬里，不復差忒。」）

有人認為，耶律楚材極有可能知道大地是球形的，才會提出這樣的公式。地圓說並非只有古希臘的學者提出來過，但能被廣泛認可並在後來深入研究的，卻以古希臘學說為首。和張衡同一時期的古希臘學者托勒密（Claudius Ptolemy），完成了他的《地理學》。他以地圓說、地心說為基礎，用經緯度的方式表明了數千個地點，其中東部有個叫塞雷斯（Seres）的地方，實為中國東部。

托勒密的學說在黑暗的中世紀被毀滅過，後來經由阿拉伯文明的反向傳播，才被歐洲人重拾了起來。西方的星曆表，基本上都是透過他的理論推算出來的，但是地圖張角有所誇大。比如，十五世紀德國繪製的一幅托勒密地圖中，尋思干和開封的距離就被誇大了一．四倍左右，這正是托勒密地圖與現代地圖的差異所在。

耶律楚材的里差公式，正是參考了托勒密地圖。當時他可能拿到了流傳於阿拉伯世界的托勒密地圖複製本，這從側面證明了耶律楚材也知道地球的形狀。

然而，《西征庚午元曆》「不果頒用」，原因可能是這份曆法是耶律楚材在尋思干寫成的，他把尋思干設置成了基準點，只能「備行宮之用」，不能昭告天下。

後來元朝採用的曆法，是郭守敬等人設計的《授時曆》，它以365.2425天為一年，曆法的精度與三百年後的「格勒哥里曆」（Gregorian calendar，簡稱為「格里曆」）相當，與現代觀測值的誤差僅為25.92秒，也就是說，大約每經過三千多年，才會產生約一天的誤差。

因為有了里差，早安、午安和晚安便會同時出現。

耶律楚材說：「散盡迷雲何所有，一輪秋月普天明。」他所見到的那輪明月，正是拜占庭人見到的，也是我們現在見到的。時差是有的，代差也是有的。這個世界的隔閡很大，也可以很小。無論如何，只要人們欣賞的是同一輪明月，悲歡就會在某一刻相通。

＊依據元朝太史院尺表計算得來，1公里＝2.252元里，即1元里＝444公尺。厲國青、劉金沂、裔培榮：《我國地理經度概念的提出》，載於中國天文學史研究小組編《科技史文集》，上海科學技術出版社，一九七八年，第八頁。

03 名字中的五行屬性真的會影響人的命運嗎？

許多年來，中國家長為孩子取名時，陷入了一個怪圈。他們用的漢字越來越相似，取的名字也越來越雷同。男孩叫奕辰、宇軒，女孩叫語桐、梓涵，這種奇怪的現象一直持續到了現在。

中國戶政部門在二〇二〇年統計了新生兒姓名用字的情況，其中「梓」、「子」、「宇」、「辰」、「澤」、「軒」、「涵」、「欣」等字的占比超高。我們把這些「雅字」隨便組合，很可能會組出孩子同班同學的名字，如子軒和宇辰同位，澤宇和子涵並排。點名，是對老師最大的挑戰。

孩子的名字，怎麼就趨同了呢？

其實，這是新世紀以來「五行改命」觀念所導致的。長輩過分重視名字的五行屬性及單字的優美性，幾乎完全忽略了整體性，造成了強烈的時代特徵。

有時代特徵沒什麼不好，因為歷史上的人名都具有時代特徵。譬如，商朝人取名喜歡用單字，如虎、遂、摯、陽、陟、尹、啟。這些字都有一定的含義，如「陟」是步步登高的意思，「遂」是前進、到達的意思，表示諸事順遂。

很多人說，商朝人用天干當名，如外丙、太甲、雍己、仲丁。其實這些都不是人名，而是貴族死後，活人給他們加上的序號，類似於廟號。就好比「太祖」這個廟號根本就不是朱元璋的名字，我們可以說明太祖的名字是朱元璋，但絕不能說朱元璋的名字是明太祖。

漢朝人的名字通常是浪漫的，他們追求武功與長壽，如蘇武、班超、霍去病、李延年。有個公主，名叫解憂，代表父母希望她忘記煩惱、無憂無慮。

唐朝人浩大，愛用「公」、「昌」、「弘」、「世」、「元」、「九」等字，如李世民、柳宗元、王昌齡、張九齡、柳公權。

明清時期，人們的取名方式自成一格。人名大多是三字，這是因為自從洪武、永樂大移民後，社會穩定的時間很長，人們得以繁衍生息，家族人丁興旺。人一多，就會出現錯亂。姓名中間就要加上字輩，既然字輩已經占去了中間那個字，取名時就只有最後一個字可選了。例如，王守仁的三個弟弟，分別叫王守儉、王守文、王守章。

這時候的女名也很有意思，女性的名中通常沒有字輩，卻有一批很常用的字。這些常用字的歷史悠久，悠久到現代人都會感到很熟悉。例如，嘉靖壬寅宮變（一五四二年）的主謀叫楊金英，參與者分別是蘇川藥、楊玉香、邢翠蓮、姚淑翠、楊翠英、關梅秀、劉妙蓮、陳菊花、王秀蘭。要是不說這是明朝人，我還以為是一九九二年機床二廠優秀女工代表。

後來，解放、建國、建軍、愛紅、國慶、國強、衛國、援朝等名字成為主流。一九八〇年代及一九九〇年代，凱、帥、超、玉、傑、偉、玲、娟、娜、波、美、麗、濤、慧、雷、磊等名字登上舞臺。

終於，二十一世紀到來了，「五行改命」隆重登場。這種取名的方式，顯然不是西元二〇〇〇年後才有的，卻在這之後發揚光大。

家長一般都希望給孩子取個帶有五行屬性的名字，以彌補、克制八字中的五行盛衰。這個年紀的家長都上過學，具備一定的審美能力和辨別能力，但是不多。

他們不願意落入俗套，不願意再給孩子取「娟」、「偉」、「凱」、「帥」這樣的俗字，於是精心挑選了一些既優雅，又明顯帶有五行偏性的漢字，放進孩子的名字裡。就是這樣，梓、熙、宇、鈺、涵、萱、煜、銘、雨紛至遝來。

中國古代，造字的倉頡們根據物質的屬性，賦予漢字不同屬性的偏旁。唐代以前，「炮」寫作「砲」。當時火器並沒有流行，用作炮彈的實際上是石頭。我們看到「砲」，就知道它是石質的。機弩多是木質的，寫作「機」，而古人描述鐵質機弩時，會把木字旁換成金字旁的「鐖」字。不過，由於木字旁的「機」字用得太久了，金字旁的「鐖」始終沒能取代它。

漢字會盡量對應它的性質，於是有大量稀奇古怪的字出現了，為子孫後代省了不少力氣。比如，對歐美人來說，元素週期表的元素性質難於記憶。華人相對而言就沒有這個困惑，中文直接採取給元素賦性的做法，讓複雜的問題變得簡單，見到某個元素，能立即知道這個元素的性質與形態。這些字本身就帶有性質，很多都曾被明代宗室用作名字。

遵照朱元璋的祖訓，明宗室以「朱＋輩分＋五行偏旁的字」取名，例如，「朱瞻基」、「朱祁鎮」、「朱由校」。然而，金字旁可用的實在不多，金字旁輩的人就連最生僻的字都拿出來用，如「朱恩鉀」，這個「鉀」現在是鉀元素的意思，但其實最開始是鐵甲的意思。又如「朱在鈉」，「鈉」現在是鈉元素的意思，但造出來時，是指馬鞭頂端的鐵針或鐵質馬刺，可以「納入」，配金字偏旁，代表這東西是金屬。

但是，我們統計歷史人物的生辰八字，再看他們的人生軌跡，並沒有發現這與他們名字中的五行屬性有什麼關聯。明成祖朱棣兄弟幾十個，全都是單名，也全都是木字旁。但這群人顯然不可能，也沒必要靠這個名字去改變命運。

用漢字五行去補八字缺陷，實際上是一九八〇年代末到一九九〇年代初，某些好事者的創造。那時候流行地攤雜誌，內容常有胡編亂造的情況。很多字連編纂者都不知道該屬什麼，便自定了一套規則，告訴讀者，如果實在不知道一個字屬啥，就先按筆劃算：一六水，二七火，三八木，四九金，五十土，超過十畫的減去十。

但一些字有多種寫法，如甲骨文中的「水」和後來的「水」，筆劃完全不一樣。難道同一個字的古今屬性截然不同嗎？這樣的矛盾不去解決，就去建議讀者按字形去看，不要去管筆劃。

但一這麼辦，問題就更大了，如「喜」字，按筆劃及七情，它屬火。編撰者不知道用了什麼演算法，非要定義它屬水。現在人們去查這個字的屬性，幾乎都一口咬定它屬水，實際上是當年的編撰者現編的。

古人用術數取名的情況不是沒有，但不會出現依靠偏旁取名的情況。如金元四大家之一的朱震亨，名字是由「震」卦而來的，「震亨」出自卦辭。南宋學者黃震，字東發。這是因為震卦的位置就在東方，東方對他有利。

多數人的名字，還是依照長輩的祝福與願望而取的。例如，張居正小時候叫張白圭，少年時考學，主考官看他有才華，親自給他改名為居正，告誡他要居心正直。

名字這東西，要的是朗朗上口，與人物的性格、體貌、志趣有關，或有簡單而又美好的意境，使人產生愉悅的聯想，給人以深刻的印象。忘記了取名的本意，把改天換命的想法投注到一、兩個字上，是不足取的。

不過，父母給孩子取的名字，總蘊含了他們殷切的期望，誠摯的祝福，希望兒女無災無難，一生幸福，他們為此可以傾盡全力。有這樣的心，就有這樣的舉動，他們便足以為兒女遮風擋雨，拂去漫天風塵。

而且，時代在發展，未來的人們看見雨萱和梓宇，興許也會覺得頗有古意——黃梅新霽（雨），萱草忘憂（萱）；已識乾坤大（宇），猶憐草木青（梓）——又有什麼不好的呢？

04 為什麼農曆二月二叫作「龍抬頭」？

俗語有云：「二月二，龍抬頭。」

在古代社會，二月二確實是個值得慶祝的好日子，很多地方都要吃炒豆子。這一個看似不怎麼重要的節日，怎麼會跟「豆子」與「龍」扯上關係呢？又怎麼會讓「龍」抬頭呢？

其實，這裡的「龍」不是真正的龍，而是二十八星宿中的東方七宿組成的蒼龍，也就是青龍。

我們知道，在中國，太陽在天空的軌跡總是中間偏南的。一年中的軌跡，每一天都略有變化，如此一天天下來，所有軌跡就形成了跟道路似的條帶狀。太陽是黃色的，古人就把這條帶子叫作黃道。

古人已經意識到，相較於日月，遙遠的恆星彼此之間的位置，時隔很久才會有一絲絲變化，就如社區的固定建築物（宿）一樣。而人是會行動的，在彙報自己的位置時，肯定會說我現在在幾號樓的哪一間。

同樣地，為了觀察和定位其他的天體，人們就把黃道及其附近的恆星劃為二十八個組，依相近原則，分成四個部分，青龍、白虎、朱雀、玄武。如此，每個部分就有七個星宿，依次排列於黃道上。

需要注意的是，很多人以為二十八宿、四大神獸是散布在整個天上的。其實不是，它們只在黃道一帶，與太陽的軌跡處於同一區間。隨著地球自轉，它們也會東升西落。天體都是運動的，但要判定其他天體的位置，依然以二十八宿為基準；蘇軾稱「月出於東山之上，徘徊於斗牛之間」，斗宿、牛宿，是玄武的兩個星宿。

假設我們把一個乒乓球放在圓桌的中間，再把一個琉璃球放在乒乓球的旁邊幾公分處。然後，在圓桌一圈的邊緣，依次標好二十八宿，就具體地模擬出了太陽、地球與二十八宿的相對位置。

讓地球繞著太陽轉，就能發現，天上的二十八宿，從來不會同時出現。

隨著地球的自轉，入夜以後，大部分星宿也和其他星辰一樣東升西落。但是，人們不會在冬季看見青龍七宿，因為此時的青龍七宿與地球之間隔著太陽。白天的時候，它們才會出現在天上，但此時太陽又很耀眼，把它們的光輝蓋過了。到了晚上，人們又背對它們，更不可能看見了，此時夜空中是白虎七宿。

等到春天，地球繞著太陽轉到一定位置，青龍七宿才會在傍晚的時候出現在東邊的天空。如同潛藏在大地之下的神龍，騰向深邃浩渺的夜空。

青龍七宿，從前往後，也就是從西往東，分別為：角、亢、氐、房、心、尾、箕。這些說法不是隨便起的，大致上是按照龍的身體部位命名。角就是犄角，亢就是咽喉，尾就是尾巴。角與亢組成了一個龍頭；當然，這個龍頭是想像出來的，不是真的有。古時農曆二月二日的時候，角、亢率先出現在東邊的天空，如同龍頭探出，緩緩上抬，因此，人們才把這個日子叫「龍抬頭」。

所謂「二月春風」，龍一抬頭，提示著人們可以春耕了。

古時天文學家製作及修正曆法，主要目的就是為百姓提供準確的農時，否則就誤了大事。當然，天文曆法的製作不光是為農業提供幫助。古人相信天人感應，認為上蒼的異常必然伴隨著人事變動。可是，天上的賊星（流星）一出現，並不意味著天下各處都有異事發生，故而人們依據二十八宿的分野來進一步判斷事發地的方位。如角亢，對應著鄭（豫東、魯西南、皖北等地）；翼軫（屬於朱雀七宿），對應著楚（鄂、湘、貴、贛等地）；斗牛對應著吳越。

當賊星劃過角亢，意味著鄭地有變，可能鬧了特大饑荒。而南昌是贛地，也就是江西的省會，此地「星分翼軫」，屬於翼軫區。有段時間，古人看見「恆有紫氣見於斗牛之間」，斗牛之間經常冒出紫氣，意味著吳越之地有人要黃袍加身。

蛇蟲結束冬眠的時間，基本上都在驚蟄前後。此時，春雷響震，驚動了蟄伏在土壤中的蟲子。然而，蛇蟲的宗生族攢，對農民來說可不是什麼好事，要防患於未然，提前捕殺害蟲。

春季的滅蠍工作，實際上並不容易展開，這個時候，蠍子還是一副沒睡醒的樣子，很多還在蝸居，並不像從田地裡突然湧出來的巨大螭蟲球那樣容易辨認。為了討個好彩頭，人們想到以炒豆子來指代蠍子鉗螯後的豆狀體，希望小孩子把蠍爪吃掉以後，毒物就不會再爬出來了。這是古人「禳邪卻禍」心願的體現。

除了一些地區神聖的「吃豆儀式」之外，廣泛流行於中國民間的端午節，也體現了人們禳邪卻禍的心願。到端午時，蛇蟲將要活躍，人們還要再殺一次蟲，於是採草藥、繫五色繩、喝雄黃酒、佩香囊、熏香驅蟲。雖然端午過後，毒蟲還是不可避免地多起來，但比起一開始什麼都不做，還是強多了。

相較於人工滅蟲，人們更希望二月初二的時候下一場大雪。此時的雪，就是傳說中的「瑞雪」。「瑞雪兆豐年」不光是中原農民的經驗，其他民族也都有類似的經驗。譬如，雲南的哈尼族人會在冷季結束，天氣要轉暖的時候做湯圓祭天，祈禱「矻扎扎節」過後能下一場大雪，好把剛爬出來的害蟲凍死，保證糧食豐收。

忙農事，盼豐收，吃好東西祝福一下，這就是二月初二的意義。

如今，我們多半不會相信星宿與人間的關係，也知道那些異常的天象是怎麼回事。但我們同時也疏遠了自然，感官變得遲鈍。城市的霓虹與高樓遮蔽了東山與星空，失意的時候，我們不妨登高望遠，仰觀宇宙之大，俯察品類之盛；慢一點，尋找小時候數過的星辰。

05 崇禎末年席捲大半個中國的蝗災是怎麼回事？

明朝末年氣候異常，尤其是崇禎最後幾年，出現了波及數省的特大蝗災。龐大的蝗群遷徙繁衍，一度從西北殺到了江南。牠們一路飛，一路吃，吃完一個縣的植被，再吃下一個縣的植被，所過之處，寸草無遺。

據記載，彼時蝗蟲遮天蔽日，陽光都照不下來。前頭的蝗蟲把草木吃光了，後頭的吃不著，就瘋狂往別處擴散。數以萬億計的蝗蟲，全都像是插翅的餓狼，撲向一切，吃光一切，相互疊壓，密密麻麻。

崇禎十三年（一六四〇年）八月，寶應縣遭遇過路的「蝗軍」，「周匝數百餘里」，飛累的蝗蟲以身投地，在原野上堆積起來，厚達一個成人的高度。牠們沒命地咬東西，別說秫秸和荒草，就是樹皮都給吃了個乾淨。

下面的蝗蟲開始掘地，竟把草根也都吃掉了。
蝗災，一般發生在夏秋兩季。此時，天氣炎熱，人們不免要打開門窗通風。一旦有條縫，蝗蟲就會瘋了似的往裡鑽。於是，民戶家裡，地面、床上、蚊帳上，都爬著十多公分厚的蟲子，嘁嘁喳喳地啃東西。唯有緊閉門窗，塞上漏洞，清理過後，才能落腳。可是，回首一望，屋頂上的茅草卻被吃光了。屋瓦下的高粱稈被啃掉，泥土嘩啦啦往下掉。蝗蟲餓急了，連被子、衣服也不放過。人們根本無法外出，只能祈求災難快點結束。

像這樣的蝗災，如果只來一年，人們勉強還能應付。可是，崇禎末年那毀天滅地的蝗災，竟然連續了許多年。

災難首先出現在崇禎八年（一六三五年）的陝西渭河兩岸，崇禎十年（一六三七年）再度暴發，並且向東擴散，侵占了山西、河南夏秋季節的田野。此後，蝗蟲群每年都向東南推進，一年生幾窩，一窩壯大上百倍，釀成了亙古未見的奇災，一直持續到了崇禎十四年（一六四一年）。

牠們擴散的途徑，是由河南上河北，進山東，抵密雲（今北京市境內），南下淮河流域，殺到江南，又往西擴散至江漢平原。然而，奇怪的是，這場災害至崇禎十五年（一六四二年）戛然而止。蝗蟲突然從這個世界消失了，彷彿從沒有來過一樣。

原來，這一年的氣候發生了劇烈擾動，從乾旱變成多雨，蝗蟲擴散的條件沒有了，災害也就消失了。

因為神棍們的渲染，古時人們以為蝗蟲來臨是因老天的憤怒。古人對蝗災敬若鬼神，不敢輕舉妄動，認為如果輕舉妄動，就會遭到報應。

有些顢頇的縣令也跟著起鬨，不僅不將蟲災扼殺在萌芽狀態，還擺供設壇，大張旗鼓地祭祀蝗蟲之神，稱之為大將軍劉猛，使百姓越發相信蝗災產生的原因是有人對老天不敬。

王夫之路過洞庭湖，看見岸邊有幾個和尚念經，旁邊掛著湘陰縣的大榜，上面寫著：「奉閣部楊檄：惟誦《華嚴行願品》，則蝗不入境！」原來僧人是奉楊嗣昌的命令，在江邊朗誦佛經，希望蝗蟲聽了以後洗心革面，不要進入湖南境內。結果，蝗蟲真的沒繼續往前，這幫僧人便以此邀功，說是念經起了關鍵作用。

實際上，歷來的蝗災主要存在於較為乾旱的平原地帶，很少能到海邊，也很難過江；能一口氣殺過湖北就已經很厲害了，殺到湖南屬於機率很小的事件。

王夫之對這種只知道念經祈禱的行為非常鄙視，認為沒有發揮人們治災的主觀能動性。因為在更早的歷史中，人們並沒有畏蝗蟲如鬼神，反而經常食用蝗蟲。

唐德宗貞元元年（七八五年）夏季發生蝗災時，百姓將蝗蟲蒸熟後晾乾，去掉翅膀和腿後當飯吃。城裡人則拿「蝗蟲乾」當禮物，「用相饋遺」。有些大聰明人還想靠賣蝗蟲賺錢，不過，由於賣蝗蟲的人太多，價格上不去，一斗也就幾文錢。

然而，有蝗蟲可吃和蝗災發生時人不會餓死，這兩件事之間是不能劃上等號的。蝗蟲所過之處，輕則糧食產量減半，重則寸草無遺。雖然人們會存糧備荒，最多能挨過一年，而挨不過兩年。有幸弄到蝗蟲乾，固然可以支撐一陣，但蝗蟲來去迅速，只留下千里赤土，往後還來，釀成了饑荒，甚至會導致人吃人的淒慘景象。

現代有新聞報導，說蝗災時有人利用鴨子大軍下地去吃蟲。這個辦法令網友深深折服，殊不知，古人早就這麼幹過。

崇禎時，嘉興、湖州百姓出動鴨軍吃蝗，結果餵出來的鴨子「極易肥大」。時人陳芳生感慨說：「蝗可供豬鴨無怪也！」可知，以鴨治蝗，是有悠久的傳統的。

只是，現實往往沒有理想那麼美滿。養鴨有硬性要求，尤其是傳統的養鴨方式，不僅要有較大的場地，還要有活水。因此，較成規模的養殖本身就出現在水鄉，所謂「水鎮應多養鴨欄」、「養鴨水邊村」。然而，蝗災最嚴重的地方是乾旱的北方，並不具備這樣的條件，養鴨者極少，此外，蝗蟲也不多作停留，而北方田地面積又廣，驅趕鴨軍下地吃蟲的方式無法推廣。

為了更好地應對蝗災，一些有經驗的官員提出了更可靠的治蝗方略，大體上分為以下幾點。

第一，蝗蟲的卵如果附著在草上，不會有大礙，就怕產在地裡。產在地裡，第二年春就會暴發蝗災。所以要從蝗蝻（蝗蟲的幼蟲）開始撲治，不能等牠們長大。當時的官員便下令，讓父老時時彙報田地裡的情況，只要看見土堆隆起，立即撲滅。這裡的土堆，是指蝗蝻拱土造成的蝻窩，它會漸漸拱起來，像墳堆一樣，頂端會在某個時刻突然湧出無數蝗蝻，隨即四散。

第二，如果蝗蟲已經破土而出，就需要將其往溝裡趕。這種溝需要提前挖好，深與寬各兩尺，溝內每隔一丈左右挖一個大坑。全村人不論男女老少，都要手持鐵鍬等器具去驅趕蝗蟲。通常由一人鳴鑼，眾人排隊將蝗蝻攆到溝裡去，就如同注水一樣。此時蝗蟲很小，沒有翅膀，掉進溝裡就跳不出來。把牠們掃到深坑中，再填土。已經出土的蝗蝻被重新埋起來，很快就會憋死。

第三，如果蝗蟲長到了能飛的階段，就很難辦了，但也不能束手待斃。官府會糾集眾人，各用兜網布囊捕捉，同時下達明確的獎勵標準：一石成蟲，換一石糧食。

第四，蝗蟲產卵的方式，是把尾巴插進土裡，深度不到一寸。牠們下卵都是在同一時刻，同一地點，很容易找到。一隻蝗蟲要產卵一百顆，等到春天就變成蝗蝻，所以冬月（農曆十一月）除卵極為必要。此時農閒，農民可以從容地搜索蟲卵。而官府要做的事，依然是明確獎勵標準並嚴格執行：一石蝗卵，可以換數石糧食。

總此四條，執行起來，可以說是非常完美了。這樣的指南，避免了許多蝗災的發生。不過，要實現完美的流程，必須依靠完美的管理。策略是人實現的，一旦哪個環節出了差錯（比如不執行除卵獎勵，反而讓百姓交「滅蝗費」），就只有望蝗興歎了。

崇禎末年波及數省的特大蝗災，其實就是官方腐壞，一而再，再而三地錯過了治理的最佳時間所導致的。

蝗蟲首先在乾旱多年的陝西出現，乾旱迫使蝗蟲往適宜生存的地方遷徙，艱難的生存條件刺激蝗蟲的生存與繁殖欲望，加重蝗災的傳播。

當時陝西經歷了萬曆末年到天啟年間的重度盤剝（輾轉剝削）。崇禎初年，地方又因領受加派（指正項以外增收的賦稅），餓死了不少人，朝廷還繼續收稅，餓死的人就更多了。老百姓命都沒了，哪還有什麼心思管蝗蟲的事？

對崇禎皇帝來說，這樣的災害與自己這個帝王不稱職有關。老天的憤怒，首先就是針對自己的，於是下了罪己詔。

第一次發詔是在崇禎八年，正是西北出現蝗災的時候。當時，農民軍東進南下，攻克了明朝的龍興之地鳳陽，焚毀了明朝皇陵。第二次則在崇禎十年，恰好是蝗災再次氾濫的時候。當時中原大旱，蝗蟲遮天蔽日。崇禎祈福降雨，結果老天並不給他面子，一滴雨都沒有下，於是，他又發了一次罪己詔。

試圖透過歸咎自我，請老天開眼的做法，即便是放到皇帝身上也是行不通的。能行得通的，只有老老實實地按規律辦事。

貞觀初年，關中鬧過一次蝗災。當時唐太宗李世民剛即位，視察禾苗，抓住幾隻蝗蟲詛咒道：「要吃就吃我的心吧，別害百姓。」說完後，把蝗蟲全都塞到嘴裡吃掉。他身邊的人趕忙勸止，李世民卻說：「就把災難移到我一個人身上，怕什麼生病！」據史料記載，「自是蝗不復為災」。這件事之後，蝗災果然消失了。

實際上，這並不是李世民的祝由術發揮作用，而是他背後高效運作的行政系統將蝗災扼殺在搖籃裡。

唐玄宗李隆基即位之初，也遇到了類似的考驗。開元四年（七一六年）山東鬧蝗災。李隆基與宰相姚崇力排眾議，派遣使者到各地監督滅蝗工作，以工作成效評定優劣，拯救黎民，大獲成功。

道以人重，事在人為。古人滅蝗的正面與反面，恰好說明了這個道理。

而今，我們想要有效地治理災難，除了科學應對，提前預防，還應注重災害發生後的組織與動員能力。即便是科技發展到今天這個地步，我們也應清醒地意識到，一旦組織失靈，或者執行變形，依然會造成非常嚴重的後果。

蝗蟲造成的災害，實則檢驗的是人的工作。瀕臨崩潰的系統，是經受不住這樣的考驗的。

06 「吃什麼補什麼」的觀念是如何形成的？

在古代，「吃什麼補什麼」還有一個更文雅的說法：以形補形。清代張秉成撰《本草便讀》上說：「所謂以形補形也……信者固多，服者亦復不少。」這裡的形，包括食物的性質、顏色和外形。在這個理論的指導下，人們以為吃動物的內臟即可補內臟的不足。植物也是一樣的，譬如核桃的形狀和人腦近似，人們便認為它可以補腦。

除了形狀、性質的「形補」外，還有一種略微複雜的「色補」理論。人們以五行、五色對應五臟，如青色對應肝木，黃色對應脾土，紅色對應心火，白色對應肺金，黑色對應腎水。不少人認為，小說《百年孤寂》（*Cien años de soledad*）中蕾貝卡嗜好吃土的怪癖，是作者加布列・賈西亞・馬奎斯（Gabriel García Márquez）編出來的，其實不是，中國古代醫案中記載了很多病名本身就叫「吃泥」或「吃土」的怪病。

明代江瓘撰《名醫類案》記載了兩則吃泥的醫案。第一名患者是個女孩，某天她突然開始吃河中的淤泥，而且一天要吃三碗，跟蕾貝卡的情況很像。另一名患者是男孩，吃泥的同時伴有嗜睡、腹瀉的症狀，形體非常瘦弱。太醫院院使薛立齋為他進行治療，得出「脾經外疳」的結論。脾、胃都屬中央土，用的是補脾土的六君子湯與肥兒丸。這就是五行五臟五色相對應的「色補」。

不過，多數醫家還是認為，形色論只對應著特殊的情況，藥材的顏色也未必非要對應臟腑。可是，熱衷於保健的人們只想要個一眼就能看懂的結論，才有了過分的發揮，在形補的道路上越走越遠。

有時候古醫也很無奈，因為民間的傳言和醫書上說的根本就不一樣。譬如，依據形補理論，人們認為吃腰子能補腎。很多男人為了拾回做男人的信心，大吃特吃。然而，書上卻記載豬腰不僅「不能補命門精氣」，還會因性質寒涼導致腎病。《遵生八箋》說得更嚇人，認為常吃豬腰子會導致「死氣入腎」。

無數醫家對數以千計的藥材的作用進行了歸納和驗證，明白個體不能代表整體，故而極少提及形補理論。

中醫裡「玄」的部分，也是被詬病最多的，正是臟器、疾病對應的五行、五色。實際上，它們的理論是比較複雜的，與民間的傳說完全是兩回事。只是人們只愛聽簡單粗暴的結論，不斷出現自我誤診和誤治的情況。

以舌象為例，異常的紅色代表有火（但也有特殊情況），而舌尖代表心。那麼，舌尖明顯較其他部位紅，就代表有心火。有心火的人容易煩躁，常有失眠的症狀，有時候心律不整，時間點為正午前後，因為午時是心經當令。這種人還容易口糜（口腔潰瘍），稍微吃點辛辣刺激的食物就要發作。而心與小腸相表裡，心火的熾熱，容易下移到小腸。小腸有分清泌濁的功能，一旦因火熱下移而導致小腸功能失常，就會出現淋痛，也就是小便發熱、尿道口疼痛。治療的方法應當是清心火，有個成方，名曰「導赤散」，由生地黃、川木通、竹葉、甘草梢組成。

然而，令古代醫師痛心的是，在一知半解的情況下，人們會簡單粗暴地拿清火藥來「治上火」。譬如，心火導致的口腔潰瘍，有人瘋狂地喝金銀花、黃芩、大黃。但這幾樣藥根本就不是清心火的，尤其是大黃，會導致比較嚴重的腹瀉，服用者還以為是在排毒，實際上是用錯藥，導致了瀉痢不止。

心火旺還會導致口腔潰瘍，但是口腔潰瘍不一定是心火旺導致的，也有可能是脾虛、肝腎陰虛等狀況，必須辨證論治。

中醫理論中的「色」，與民間傳言「吃什麼補什麼」是兩回事。那麼，民間的形補理論，又是怎麼形成的呢？它歷史悠久，起源於原始社會。這麼想的也不光是中國人，凡地球上存在過的部落，都有過類似的思維。

義大利醫學史大家卡斯蒂廖尼（Arturo Castiglioni）認為，在原始人的思維中，一切災難與病痛都是惡魔導致的。惡魔是擬人的魔鬼，可以透過辨別某個人的固有特徵對人下手。所以原始人透過改頭換面來逃避它的懲罰，譬如戴上面具，用彩色顏料描臉，好讓惡魔認不清。抑或改個名，叮囑旁人不要喊自己的本名，以逃避惡魔的召喚。當這個人突然聽見有人喊自己的真名時，會立即意識到惡魔來了。並且認為只要自己不答應，它就不會得逞。

吃動物或俘虜的內臟，也是軀體替代法的一種。找到替代品，惡魔就損害不了自己。有時則是用健康的臟腑代替不健康的臟腑，就好比桌腿壞了，拿一根好的換上。從那時起，人們就期望透過吃別人或動物的某個臟腑，頂替自己壞掉的臟腑。更進一步，人會拿某種與臟器長得相似的藥材，治療該臟器的疾病，希望透過以形補形的方式，使受損的臟器恢復正常。

實踐證明，這樣是行不通的。但是，對於百治無效的病症，普通人又能怎麼辦呢？時至今日，以形補形依然有它的市場。它利用了人本能的認知，使人忽略了事情的複雜性。

不過，民間餐桌上所謂的以形補形，很多時候是一種幽默的調侃。一位父親帶著女兒到熟食店買東西，猶豫來猶豫去，不知買什麼好。店主建議他補補大腸，他問：「大腸多少錢？」店主說：「五十元一斤。」他咋舌，補不起。見女兒盯著雞腿看，就說：「補補大腿吧！」於是要了四根雞腿，父女倆都很高興。

店家所謂「補大腸」，只是一個幽默的建議。這位父親所言的「補腿」，也只是開玩笑。它使得人們吃東西師出有名；師出有名，就能理直氣壯，確實不失為人生一大快樂的法寶。

07 「上火」到底是怎麼一回事？

我們經常聽人說「上火了」，說這話的人，要麼口舌生瘡，牙齦腫痛；要麼口乾便秘，臉起癤腫。上火的位置可以不一，症狀可以不同，彷彿什麼病症都能歸進去，不免讓人心生疑惑：上火，到底是個什麼東西？

雖然「上火」聽起來像個傳統詞彙，但古人確實沒有用過這樣的詞，它是近代人創造的。但是，古人沒用過，不代表他們沒有這類思想。

古人不說「上火」，但說「內熱火盛」、「熱毒」、「火毒」、「虛火上炎」、「〇火上攻」、「〇火上灼」，這些說法全都是上火的意思。古代醫案中，有很多關於上火的疾病記載，可以說誰都有上火的時候，症狀包括但不限於咽喉腫痛、口舌生瘡、牙齦出血、惡癰癤腫……如清道光年間的彤貴妃曾患有牙齦腫痛，御醫給她開的藥是薄荷味漱口水。

現在人們所謂的「上火」，就是古時候的「火盛」。不過，由於中醫溫熱寒涼，虛實表裡錯綜複雜的關係，人們仍是一頭霧水。事實上，古代老百姓也扯不清何謂「虛火」，何謂「實火」，什麼是「清熱瀉火」，什麼又是「滋陰降火」。

想要瞭解此物，請務必摒棄固有思維，不存任何心理上的芥蒂，以陰陽所生的世界觀來看待萬事萬物，一切就很容易理解了。

在古人的觀念中，萬事萬物都有陰陽。人體也是一樣的，我們把健康良好的狀態，叫作陰陽平衡，也可以叫陰平陽秘。為了便於理解，我們姑且把這種狀態標記為：陰五十，陽五十。

依據萬事萬物的陰陽理論，藥材與食物也都有其陰陽屬性，它們大體可以分為五類：溫、熱、寒、涼、平。其中，溫熱屬陽，寒涼屬陰，平性介於兩者之間。如「黃連味苦，性寒，無毒」、「川椒味辛，性熱，有小毒」、「杏仁味甘苦，性溫，有小毒」、「甘草味甘，性平，無毒」、「（辣椒）味極辛，性大熱」。瞭解了食物的性味，反過來結合人體的陰陽，「為什麼吃辣椒會冒痘子」這樣的問題，就十分清晰易解了。

當一個陰陽平衡的人吃了許多辣，辣是熱性的，屬陽，也就增加了他體內的陽。自此，他體內的陰陽平衡被打破，變成了：陰五十，陽八十。

可以看出，陰恰好，而陽極多。多出的熱無處可去，故而走入血液、組織，作熱，生出瘡瘍、癤腫、熱疙瘩，皮膚燥熱發癢，有時候舌頭又熱又疼、又硬又腫。這就是陽過多導致的「上火」，名曰「實火」。應對實火，則需要「祛火」，選用寒涼性質的清熱藥，如梔子、苦丁等。

再來看看「虛火」。人體內的陰分，通常指陰液（津液）、血液、精血。無論是縱欲，還是熬夜，都會煎熬人體內的津液，消耗陰分。一個健康人長期如此，體內的陰陽就會變成：陰三十，陽五十。

陽恰好，而陰不足。這就是「陰虛」。虛者，少也。陰虛，其實就是「陰少」，由此產生的熱的感覺，就是「虛火」。有這種情況的人，平常體溫略高於常人，身體消瘦，吃什麼都不胖，還容易口渴，喜歡喝冷飲，可是喝了又不解渴。體內的真陰不足，就應該「滋陰」，不能「打火」。所謂「滋」，就是「滋長」、「增加」。滋陰，也就是加陰，選用的藥材，自然是寒涼性質的滋陰藥，如地黃、知母等。

透過滋陰來平衡陰陽的這種方法，就叫「滋陰降火」。

最容易誤解的地方就在這裡。梔子、連翹、銀花等藥，雖然清熱，但沒有滋陰的功能，服用它們，清熱而不滋陰，只會打擊火氣，形成陰陽兩虛的局面，也就是陰三十，陽三十。

這種人會燥熱、口渴，手腳卻很涼；既怕冷，又怕熱；總感覺在發低燒，卻很容易感冒；不喝涼水不爽，喝了又拉肚子。此之謂「陰陽兩虛」，需要滋陰且補陽。

那麼，為什麼實火與虛火，都是「上火」呢？

《尚書．周書．洪範》言：「水曰潤下，火曰炎上，木曰曲直，金曰從革，土爰稼穡。」在五行中，火是往上走的。不管是虛火還是實火，通常都會發生在人體的上部。人們之所以認為便秘也和上火有關，是因為腸中津液被經絡或血液火煎熬得很少，導致了大便燥結。

「上火」了，直接下藥不就好了嗎？事情沒有那麼簡單。

由於每個人的身體稟賦不一樣，感受外邪後，淪陷的部位也就不一樣，症狀也隨之各有差別。

古人將人體的經絡分為十二條，分別為手足少陰、太陰、厥陰，少陽、太陽、陽明經。六經大體沿著身體豎著排列，五臟六腑（五臟外多出一個心包）分屬不同。如手太陰肺經、足陽明胃經，既代表實體的臟腑，也是某條經脈的泛指。虛弱的經脈因為感受外邪，或因本身的不足，發病的症狀就和其他人不太一樣。

而藥材，也是有歸經的。譬如，桑葉性質寒涼，歸屬肺、肝、膽經。它應當用在治療肺熱、肝熱上，而不能治療胃熱。假使不分歸屬，不論病情，看見熱病，就用涼藥，就是傳說中的庸醫。

古人外觀內觀，發現人體的十二經脈有其流注的時辰，正是「天人感應」的體現。比如，足少陽膽經對應的是子時，即晚上十一點到凌晨一點。足厥陰肝經對應丑時，也就是凌晨一點到三點。膽經的脈絡在人體的兩側，耳朵兩側、腿的兩側、手臂兩側，胸脅兩側，都是它的循行路線。如果一個人有膽熱，那麼他往往會在子時失眠。這是許多子時無法入睡者的通病，同時伴有的症狀，則是身體兩側火熱發癢，有的是頭皮兩側，有的是大腿兩側，有的是胸脅兩側。

情況明顯的人，發癢會在晚上十一點準時開始，癢到非要抓破皮不可；睡也睡不著，一閉眼全身就出汗，汗多到能把被褥濕透。

人腳兩側也是膽經的循行路線，小腳趾縫糜爛、發癢的人，是膽經濕熱導致的，吃辣、喝酒、吃發物（魚羊肉等）會加重病情。因為「水曰潤下」，濕與熱相結合，濕便裹挾熱往下走，故而小腳趾縫濕熱糜爛。

十二經中，肝膽相連，也相照，一表一裡。膽經有病的人，肝經也好不到哪裡去。

肝經繞陰器，肝經濕熱的人，陰部容易潮濕發癢，胸脅容易陣痛；失眠會到凌晨三點，三點以後入睡就不困難了。

常見的失眠症，孕育了一批批禿頭黨。膽經在兩側，上額角，「肝經與督脈會於巔頂」。膽熱過久的人，額角會脫髮。肝熱過久的人，則頭頂無髮。脫髮的原因，一如草木不得水源。火熱又煎熬肌肉表層的脂膏，形成油膩。這是中醫的解釋，與西方醫學的解釋大不相同，治法也完全不同。

中國古人就是這樣歸納和總結人體的，內、外、婦、兒，皆是如此。因此，通常能看婦科的中醫也能看內科，能看內科的中醫也能看婦科。外科聖手不可能不懂內科，兒科高手不可能不會治療痛經。這是中西醫的另一個不同之處。

醫家的望、聞、問、切，就是為了弄清病位、寒熱、陰陽、虛實，此為「辨證」。當然，和各科學問一樣，總會有人不加以辨證就胡亂開藥，往往誤事。清代名醫趙晴初，感慨醫師「不辨證而妄灸」，反對不管人家是什麼病，一律拉去艾灸。艾灸本熱，倘使一個人陰血虧虛，加以艾灸，不把人害死才怪。

清末以來，就有中西醫之爭，人類經過的醫學大發展，實質是西方醫學的大發展，許多人謂之「現代醫學與傳統醫學之爭」，對看起來一成不變的傳統醫學充滿了鄙夷。

「上火」這類被大眾所熟知的病症，也成了一些西醫從業者攻訐中醫理論的熱門話題。但實際上，中醫更反感那些未學過中醫基礎理論的西醫亂開中成藥，一些人認為中醫藥不管用，所以無關大礙，隨便開也沒事，這種認知是絕對錯誤的，也是非常不負責任的。

社會上廢藥廢醫、廢醫存藥的呼聲也有不少，大有不共戴天之勢。然而，近代以來，中醫歷經數代討論並沒有被廢止，反而越開越多，並非有什麼陰謀。不管東方還是西方，顯微還是整體，古板還是新潮，也不管你是用的什麼理論，什麼手段，這世界對醫師的評價體系永遠不會變——一切都要靠療效。

08

古人會罵人「沒腦子」嗎？

有個成語，叫「心想事成」。《儒林外史》中，楊執中「心裡想，生平並不認得這姓晉的」。可見在古人的眼裡，思考東西是要用心的。

《紅樓夢》中，賈瑞被鳳姐戲耍，依然死性不改，想她，念她，覬覦她，「自此滿心想鳳姐」。可見在古人的眼裡，人的思念，也是用心的。

不光中國，其他國家的人們，也都認為心是主思考、思念的器官。如英語中「my heart will go on」（我心依舊）、「you don't know my heart」（你不懂我的心），德語說「Der Kummer drückt mir das Herz ab」（苦悶壓在我心裡頭）、「Sie bewahrte diese Worte in ihrem Herzen」（她把這些話牢牢記在心裡）。

這與現代人的認知大相徑庭，我們知道，主導思維的器官是腦而不是心。但為什麼古人會有那樣的觀念呢？難道他們從來沒意識到大腦才是用來思考的嗎？

我們不妨放棄成見，重新審視「心為神主」這一觀念。

唐代詩人杜牧有云：「我初到此未三十，頭腦釤利筋骨輕。」其中的「釤」，就是鐮刀，言其鋒利。頭腦釤利，就是頭腦敏銳的意思。

《朱子語類》（一二七〇年刊發）記載了朱熹和弟子的議論。學生黃義剛說：「劉季高也豪爽，只是也無頭腦。」劉季高這個人很豪爽，但是沒什麼腦子。

「頭腦」也可能指條理、次序，所以為了確定這裡的「頭腦」是不是現代漢語意義上的頭腦，我特意查訪了劉季高的往事。劉季高是北宋的官員、名士，確實生性豪爽。但在正史中關於他的記載較少，只要出現，多半就在笑話集裡。

明清時期罵人沒腦子的就更多了。《紅樓夢》中，襲人說：「一家子的事，俗語說的『沒事常思有事』，世上多少無頭腦的人，多半因為無心中做出，有心人看見，當作有心事，反說壞了。」襲人罵有些人辦事不過腦子，本來無心，被有心人看見，很容易壞事。

清代《笑林廣記》裡有個段子，名字就叫「借腦子」。話說有個蘇州人熱衷奉承身為富人的主人。為了表現自己，常對主人說：「就是讓我替您去死，我也心甘情願！」有一回，主人病了。醫師說：「你這個病不好治，什麼藥都不管用，除非用活人的腦髓才行。」主人急了，到處找人借腦子，但是沒人願意借給他。忽然想起那個蘇州人：「他經常說願意替我去死，難道不肯借我腦子用一用嗎？」於是把蘇州人叫來說，把你的腦子借給我用用。蘇州人大驚失色，跳嚷道：「使不得啊主人！使不得！我們蘇州人什麼時候有過腦子？」

顯然這是個「地域黑」杜撰的笑話。明清時候的蘇州十分富庶，經濟地位相當於現在的上海。有些蘇州人瞧不起外地人，這則笑話應當是外地人故意編來揶揄蘇州人的，意在嘲諷他們智力不高。

「腦子進水」同樣不是網路時代的發明，在《笑林廣記》中早有記載。故事發生在隋朝宰相楊素與大隋第一段子手侯白之間。

有一天，楊素問侯白：「假設我挖了一個一百尺的大坑，讓你跳進去，你怎麼出來？」侯白說：「用針！」楊素罵道：「胡扯！」侯白解釋道：「真的。用針給我的腦袋扎個洞，把腦子裡的水放出來，我就浮起來了。」楊素反問：「你腦子裡有水？」侯白罵道：「我腦子裡沒水，怎麼可能跳這麼深的坑？！」

以上諸多內容，大略能夠證明古人確實是知道「腦主思維」的。但為什麼日常生活中，大家依然摒棄「腦」而用「心」作為思維主體呢？還是因為古今觀念的不同。

在古人的觀念中，心也是主血脈的。所謂「人心動，則血行於諸經」，因為心臟的跳動，使血液循行到各個部位。然而，心還有另一個重要功能，「主神志」。它可以說是古今觀念最為不同的一點。儘管古代醫家曾經試圖釐清腦的作用，但是，「靈機記憶」出於心的觀念依然是主流。

既然心是負責輸送的，就會使藏在腦子裡的神志散布、隱藏在五臟（心、肝、脾、肺、腎）之中。這使五臟也都有了各自的神，且所藏之神不一樣：心藏神，肝藏魂，肺藏魄，脾藏意，腎藏志，名為「五臟神」。任何一個藏神的臟器生病或者受損，都會影響人的神志與意識。比如肝有病的人暴躁易怒，脾有病的人精力渙散。心，作為五臟神中最主要的器官，主持著精神、思維、情志的運作，所以才是五神的「大主」。

它主持了一切，也會被一切牽連。思考真的會心累，分手真的會心痛，思維有變，心跳頻率也會隨之改變。如此一來，與思維有關的，不是心，會是什麼呢？

因為心的主持與調度，它本身獨立受病，也會讓人出現精神錯亂的症狀。古代有個病名叫「失心瘋」，是一種痰蒙心包的病變，現在一般視作精神病。

患者狂亂無知，罵詈號叫，不避親疏，逾垣上屋，毀物傷人。《水滸傳》中，宋江在牆上寫了反詩被緝拿。神行太保戴宗給他報信，他不知如何是好。戴宗出主意：「你可披亂頭髮，把尿屎潑在地上，就倒在裡面，詐作瘋魔。我和眾人來時，你便口裡胡言亂語，只做失心瘋，我便好自去替你回覆知府。」

人們認為這種瘋魔的精神病患者是「失了心」的，在醫家看來是「痰」的作用。如《儒林外史》中，一切眩暈跌撲、鬼迷心竅，都說是由「痰」引起。

總之，等官兵來了，見宋江在屎尿裡打滾，說自己是玉皇大帝的女婿。官兵知道這傢伙只不過是瘋了而已，便打道回府。可惜這一招並沒能瞞過知府，還是把他抓去打了個半死，判了死刑，要斬首時還是眾好漢去法場劫人。

現代研究認為，大腦是思維的器官，主導機體內一切活動過程。心臟則是為血液流動提供動力，把血液運行至身體各個部分的器官。現代研究與古人「心者，君主之官」、「心為五官之主，百骸之所以聽命者也」的觀點大為不同。

清末，一些知識分子重新認識到腦的作用，已經開始說「動腦子」了。然而，由於歷史的慣性，即便是認同大腦為思維器官，人們還是習慣地沿用心的成語。說「心想」，而不說「腦想」，說「心知」不說「腦知」，說「心理學」而不說「腦理學」。從中，我們也可以看到古人的三觀（世界觀、人生觀、價值觀）打在語言上的烙印。

09 為什麼漢代會出現「讖緯」思潮？

唐玄宗李隆基推崇道教，聽說有個叫李遐周的道士頗有道行，於是召他進京。但李遐周好像不願意接近皇權，他申請住在朱雀大街盡頭的玄都觀。

開元盛世過後是天寶年間，天寶末年天下大亂，而在此之前，李遐周突然不辭而別。人們遍尋不到，只在他宿舍的牆上發現了幾首歪詩。時人看了，並沒明白是什麼意思，幾年後才恍然大悟——這些全都是預言啊！

那些詩歌除了預言安祿山、史思明要造反的事，也預言了玄宗要逃亡蜀地。最末一篇還留下了細節，它是這樣寫的：

燕市人皆去，函關馬不歸。若逢山下鬼，環上系羅衣。

人們在事後分析，所謂「燕市人皆去」，就是燕地的人都出動了。安祿山身在燕地，起兵造反，自稱大燕皇帝。唐朝大將哥舒翰在潼關鎮守，李光弼、郭子儀在河北分析局面，認為由哥舒翰死守潼關，他們領兵直搗安祿山的老巢，是最好的選擇。

然而，楊國忠向皇帝進讒言，逼迫哥舒翰放棄有利地形，主動出擊。哥舒翰大哭著出兵，果然遭遇慘敗被俘，再也沒能回來。「函關馬不歸」，說的就是哥舒翰戰敗被俘的事。而所謂「山下鬼」，則是個「嵬」字！

楊國忠是楊玉環的本家哥哥，玉環在內受寵當了貴妃，楊國忠在外專權當了宰相。皇帝聽了他的讒言，造成那麼大的損失，死了那麼多人。跟著一起逃難到馬嵬驛的士兵發起譁變，殺死了楊國忠，困住皇帝，要求勒死楊玉環。最終，楊玉環被高力士用羅巾勒死，可不就是「環上系羅衣」嗎？

在古時，像這樣能應驗時局的詩，叫作「妖詩」。妖詩通常會預測非常不祥的政變或災荒，所謂「事出反常必有妖」。這種詩，也就不能稱作正經詩了。

妖詩屬於「讖」的一種。讖，就是預言。古時就有人說：「讖學原無驗，妖詩漫共傳。」讖學往往不靈驗，偶爾靈驗的可能是事後編的。妖詩是讖學的一種形式，如同詩歌是文學的一種形式。相似的還有以歌謠形式出現的謠言，通常由兒童傳唱。

尤其是明清以前，以兒歌形式出現的讖語不計其數。人們相信兒童無知，不經意間唱出來的歌謠，必然是通神的，也就是神明所授。這意味著一旦出現謠言，就預示著有大事發生。

目前史料中記載的最早讖語，直接預言了西周的結局。當時的人們都在說「檿弧箕箙，實亡周國」，賣桑木弓箭和箕草箭袋的夫妻，會讓周國滅亡。皇宮外有一對夫妻正好就是賣這種樣式的弓箭和劍鞘的，周宣王聽說後，讓人去抓，結果被他們倆逃脫了。其實這兩個人並不是什麼壞人，反而非常善良。他們在逃難的路上，撿到了一個被遺棄的女嬰。這個女嬰，就是後來的褒姒。本來他們都逃跑到了褒國，和周王扯不上什麼關係。但是，到周幽王的時代，褒國人做了錯事，得罪周王，為了請罪，居然把美女褒姒獻給周幽王。周幽王正是西周的亡國之君。

儘管人們嚴密防範，但後來的發展卻又應驗了預言，正符合人們的「天數」觀。最可怕的是，這種事總是一而再，再而三地發生，給人們留下了相當恐怖的印象。

前秦時，長安市中有小孩傳唱：「東海大魚化為龍，男便為王女為公。問在何所？洛門東！」這首歌謠嚇壞了前秦皇帝苻生，他先前就夢見過一條大魚在吃草。這大魚當然不會是什麼好東西，吃的是「草（艸）」，而「苻」的字頭就是「艸」，說明是魚要吃了他。這時候又出現了謠言，不免讓他心生厭惡。苻生這個人很殘暴，懷疑這個，懷疑那個。最後，他認定「大魚」就是太師魚遵。

魚遵是前秦開國功臣，德高望重，雖然有謀反的能力，但人家確實沒謀反。苻生不管這些，把魚遵全家都給殺了，連小孩都沒放過。結果後來卻是苻堅造反，人們猛然回首，發現依然是應讖了。

苻堅是苻生的堂弟，初任龍驤將軍，後封東海王。東海王當了皇帝，可不就是「東海大魚化為龍」嗎？可見這個謠言的重點，根本就不在「大魚」，而在「東海」。儘管苻生進行了斬草除根式的預防，結果還是割錯了草坪，關注錯了重點，錯殺了好人。

依據對象的不同，不管是歌謠，還是妖詩，都分凶讖與吉讖。如「劉秀當為天子」，對劉秀個人來說，這當然是個好消息，可對新朝皇帝王莽來說，就是典型的凶讖了。

漢代，讖緯之學大為流行，與光武帝劉秀大有關係。此時讖緯學大熱，他本身就信這個，發揮了推波助瀾的作用。人們編造出無數預言，「劉秀當為天子」果然應驗，在當上皇帝後，劉秀有事就讖緯，無事也讖緯。靠讖緯學來判斷局面，實行政策。讖緯的地位，被他拔得無限高了。

讖是預言，那麼，所謂的「緯」又是什麼呢？

「緯」是相對「經」而言的。古人認為，織布不可能織了經線沒有緯線。在劉秀的支持下，一群人在「經書」之外，衍造出了「緯書」。

緯書主要給人們講述君權神授、天人感應的道理，與孔子「不語怪力亂神」的精神相悖。雖說是儒學的一種，卻處處都在說神，搞出來許多古怪。這代表著，當時的儒學已經開始神祕化，幾乎要形成一門宗教，與其說是儒學，不如說是儒教。

緯學得到東漢官方的重視，凡是學者，必然精通讖緯。因其幽祕的特性，緯書也被稱為「祕經」，被樹為權威書籍，深深地影響了後世。

顯然劉秀沒意識到讖緯之學帶來的麻煩。緯立典，讖造謠，既不有益於民間的生產，使宿命論者潦倒度日，也讓有點野心的大臣蠢蠢欲動，讓後世的皇帝們十分頭疼。就連劉秀本人也深受其害，當時蜀中還是割據政權，公孫述據守對抗，和劉秀為敵。你劉秀說自己的權力是神給的，人家公孫述就另作解釋，說漢代已經經歷了十二朝皇帝，正好夠一年的了，不能再受天命了。

緯書的內容太多，總有應驗的。如「帝軒轅受命，公孫氏握」、「廢昌帝，立公孫」就被拿來做文章——你看看，書上都明說了皇帝應該是他公孫述來當，你劉秀算老幾？

後世登基的皇帝，意識到這玩意兒看起來很有趣，其實很危險。已經當上皇帝的，哪還用得著讖緯之說？只有圖謀不軌的人才喜歡造謠生事。於是，從魏晉開始，官方屢禁讖緯，隋唐時更是明令禁止。

但讖緯之學流傳太廣了，它迎合了宿命論、神祕論，一直在民間暗中流傳。最為有名的，就是據傳由唐代術士李淳風編寫的《推背圖》。

《推背圖》有讖語，也有畫，兩相配合，預言大事，其中不乏應驗的內容，否則它也不會這麼有名。然而，唐代以後市面上流行的版本中，有許多內容都是後人增補的。也就是說，有不少「預言」都是事發前後不久，由好事者給添上的。

譬如第四十象「無端惱了三公桂，一旦乾坤屬大清」。這句話大約在清初開始流傳，清代以前是沒有的。它當然不會是清初江南名士金聖歎提筆修改的，而是清兵進入北京後，發動輿論戰的一個舉動，篡改民間最經典的謠言，對廣為流傳的《推背圖》進行了增補，對圖畫也進行了修改，好使清朝入主中原得到「天應」，讓老百姓認為一切都是老天定好的，減少民眾的反抗情緒。

那麼，此類預言，究竟是老天定好的，還是別有用心的人搞出來的呢？

一般都是臨時搞出來的。

元代末期，河南、河北有童謠「莫道石人一隻眼，挑動黃河天下反」，後來人們確實從河裡挖出了一個只有一隻眼睛的石人，但這實際上是白蓮教領袖韓山童讓人提前埋下的。

清代，有個名叫戴潮春的鄉勇教練，經常造讖。他把話刻在石頭上，做舊，連夜偷偷埋在八卦城樓下。不久後，他就找一個會看風水的先生，指著這個地方說：「有東西，挖！」挖開以後，果然發現了石頭上的讖語。說戴潮春要滅了孔昭慈，當萬民敬仰的大元帥。後來，戴潮春果然起兵把孔昭慈給殺了，自立為大元帥。

「大楚興，陳勝王」，也是這個道理。

一直以來，有人要造反，都會「造圖寫讖」。朝廷對造圖、造謠的行為深惡痛絕，凡這麼做的，就與謀反同論，處罰非常嚴厲。

當然，我們所知道的那些神準的讖語，不少是有識之士綜合天下局勢給出的精確判斷。但也有不少只是僥倖言中的，經歷了歷史長河大浪淘沙的過程得以留存，因為每當局勢動盪，讖語就會多如牛毛。毫不誇張地說，有時候好事者一天能造出一百個謠來。事發之後，那些沒有應驗的讖語會被人們自動忘記，只有很準的才會被時常提起。

讖言更多是一種巧合，有時候模糊得很，時至今日的讖語也是如此的。人們期待著某種神祕事件，預設了某種結局，事後，即便是不太相干的事，也能強行對應預言。

事實上，現下流行的許多小遊戲，也是讖緯的一種：隨便翻一本書，看到某頁上的第七個字，預示著你今年的運勢。

比如，我順手拿起《名醫類案》，翻到了第三百零四頁，是「宿」字，宿，住所也。這意味著我最近打算買房，但買不起，難道不是我的宿命嗎？我不甘心，又拿起了《明末農民戰爭史》，翻到了第三十頁，「亂」字，噫，真是精準到家了！同樣地，讖也可以預測國運，就拿這段話的第十個字「類」來講：米為大。糧食安全很重要，這不也是個精準的「預言」嗎？

10 為什麼是「上廁所」，又為什麼是「下廚房」？

曾經有人問：「為什麼是『上廁所、下廚房』，而不是『下廁所、上廚房』？」有人回答，古人認為廁所的五行屬水，廚房的五行屬火。如果說下廁所，就成了在水下，說上廚房，就成了在火上。在水下的被淹死，在火上的被烤死，因此只能說上廁所、下廚房，並由此得出了中華文化博大精深的結論。

這個結論沒錯，但論據實在是牽強附會。如果古人確實拿五行來確定上下，那麼「下坡（地／田）」、「下鄉」、「上床（炕）」、「下海」、「上城裡」，就都解釋不通了。

其實問題沒那麼複雜，不管是「北上南下」，還是「上廁所」、「下館子」，抑或是「上九天」、「下五洋」、「下黃泉」、「上班」、「下榻」，都只與它們的地理位置或社會地位有關係。

與「下廚房」對應的，不是「上廁所」，而是「上廳堂」。

不管是皇家宮苑還是普通百姓的院落，廳堂基本上都是坐北朝南的。因為南面有陽光，坐北朝南便於採光。同時又因為水是往下流滲，倘使廳堂的地面太低，必然反潮。為了避免潮濕侵襲，直截了當的做法就是抬高地面。

普通農戶常以石砌地基內填充土壤來抬高室內地面，財大氣粗的富戶則在這一切做完後再壘上臺階，給室內鋪上青磚、石板。如此一來，堂屋的地面會比院落的地坪至少高出一尺。

這並不是古人故意要增加進屋的難度，而是他們意識到「卑濕之土，斯病尤眾，不為此療，冤死極多」。不墊高地面，任憑潮濕侵害，是會讓人染病的。

古代家庭通常都有院子，廚房在院子裡。相較於院子，廚房被抬高的並不多，甚至許多廚房沒有被抬高。人們在廳堂用餐，廚房只是燒水、做飯的地方。

相較正堂，廚房的位置本身就低，所以人們說「下廚房」，廳堂位置較高，所以是「上廳堂」，也帶著地位的意思。

很長一段時間內，女人是上不得廳堂的。倘使家裡來了客人，女人只能下廚做飯。這種陳腐的規矩，反映了婦女地位的卑下。除了女人，小孩也不得上席。三十年前，我還是個黃毛小孩，不會做飯，就負責燒柴、沏茶、倒茶、端盤。結果我做了那麼多事，大人們卻不許我上席吃東西。

廚房裡倒也有小份飯菜供女人和小孩吃喝，我依然不樂意，因此「大鬧天宮」。於是滿門親朋，無人不知我是個要上大席的孩子，當然這在當時是非常沒家教的體現。

傳統庭院中的廚房，一般在院落的西邊（也不一定），廁所在院落的東邊，因為要拉開人與糞便的距離，所以位置較高。因此，上廁所也叫「登東」。

馮夢龍《古今笑》裡有個笑話，大學士彭彥實去解大溲，「往文淵閣東如廁」。剛好碰見少保陳方洲來了，彭彥實立即抬腿就跑，搶在陳方洲前頭，讓陳方洲在外邊苦等。文淵閣東側的廁所，和民間絕大多數的廁所一樣，只有一個坑。假如被陳方洲占了，彭彥實就得等。陳方洲這個人可能便秘，一旦蹲下，一刻鐘都不會出來。彭彥實實在憋不住了，選擇當仁不讓。

清代《蒙童須知》中寫道：

便時必如廁，切宜防汙垢。上則去外衣，下則必盥手。

上廁所有衛生要求，上完廁所要洗手，可是為什麼要更衣呢？這是因為古人的外衣寬大，蹲下以後容易拖在地上。當時，所有的廁所都是旱廁，地面很髒，想要保持乾淨，進去以前就要先把外套脫了，這就是「上則去外衣」。「更衣」也就成了「上廁所」的雅稱。而「下則必盥手」是說廁所臺階下面會有個大缸或水盆，即便沒有，院子其他地方也有，解完溲必須要洗手。

同理，「北上」、「南下」，是因為古人知道中國的地勢西北高而東南低才有的說法。所謂「天高西北，地陷東南，水自西北以發源，自東南而順注」。不管是「藩欲提師南下」、「北歸諸臣南下」，抑或是「操自江陵將順江東下」、「紛勸義隆不可東下，免遭毒手」，都是從地理位置而言的，與五行沒有多大關係。

在這樣的基礎上，古人也常依據身分地位的尊卑說「上」論「下」。

我們常講的「下館子」，一開始可不是這麼叫的，叫「上館子」。清代小說《人海潮》中寫道：「那人便是此間居停主人華木齋……終年不穿華服，不上館子。」《二十年目睹之怪現狀》寫道：「不比館子裡當跑堂的，還可以去上館子。」《官場現形記》寫道：「黃三溜子不曉得，一定要拉他上館子吃飯，飯後又要逛西湖。」

當時沒有「下館子」的說法，這是因為最開始，館子並不是窮人能吃得起的，甚至連城市裡的普通人也非常羨慕上館子吃飯。館子的消費太高，想要打牙祭時才肯去。

不過，明清時期館子的發展，就和國外一些品牌速食店一樣，在人們的心中經歷了「高檔－中檔－低檔」的轉換過程。

很多人可能不會相信，以前真的有人在國外品牌速食店裡舉辦婚禮，還誤以為這是一種低調的舉動。實際上，對當時人來說，那種速食店不是一般人能消費得起的，在這種地方辦婚禮，是新潮、時髦的體現。

後來，儘管速食店的模樣還是那樣，但隨著人民群眾生活水準不斷提高，速食店也確實算不上什麼高檔場所了，請客吃這個都嫌害臊。

館子的發展也是如此。明清時期，它確實不是多數平民能消費得起的。苦力們一般就在天橋底下的滷煮鋪、路邊攤對付兩口，這就算打牙祭了。他們也喝一文錢的大碗茶，對付著三文錢的燒餅、饅頭，一小碟鹹菜。

館子？那是連進都不敢進的。

最初的館子，比如「蘇式（蘇州樣式的）館子，裡面三個大堂，座頭是很多的」，非常華麗。後來，蒼蠅館子就多了起來，

《人海潮》裡，璧如和衣雲想吃點東西，璧如說：「實惠些，還是上沒肉吃的館

子。」衣雲很驚訝：「什麼館子沒肉吃的啊？」譬如說：「你跟我來。」兩人一起去吃沒肉的館子了。

再後來，蘇式的館子一窩蜂地開，格調逐漸下降。有的館子「髒得了不得，怎樣坐得下」？在上海虹口，適合平民消費的蒼蠅館子並不少見，甚至可以說相當氾濫。

至此，「上館子」這一時尚高檔的行為，變成了「下館子」的消遣。中產不再說「上館子」，改說「下館子」，平民也就跟著喊「下館子」，這個說法一直延續到今天。

年少時的我，曾驚訝於老師教導我們把炸雞漢堡叫作「垃圾食品」，我困惑了很久，實在想不出它們哪裡垃圾，雞肉難道不是上等的補品嗎？而現在，人們的確把瓜果粗糧視作上品，對油膩的炸貨充滿戒備。

生活水準的提高，顛倒了上與下的次序。但不變的是，不管是「上」還是「下」，都是與別人的生活比較得來的。不管如何，在同等級的情況下，現代人的物質生活，確實是比古人優越很多。

11 為什麼長江東邊叫「江左」，黃河以西叫「河右」？

雖然我們現在很少說「江左」一詞，但古人卻屢屢提及。如清代《甌北詩話》：「青蓮避安祿山之亂，南奔江左。」李白為了躲避安史之亂，南逃往江左而去。

這裡的「江左」，其實就是「江東子弟多才俊，捲土重來未可知」的江東。項羽追隨叔父項梁在會稽起兵，會稽就屬於這裡。而不管是「江左」，還是「江東」，都有另一個更廣為人知的名字：江南。

問題是，東、南、左，明明是不一樣的方位，怎麼就指向同一個地方呢？

這與古人的方位觀有關。理解了古人的地理觀、方位觀，一切也就迎刃而解。

古人以東為左，以西為右。這個定論的依據是帝王「南面而王」，皇帝面向南邊，他的左手邊就是東，右手邊就是西。不僅是皇帝，凡是廟堂殿門，基本上都朝南，「凡門出，則以西為右，以東為左」（《儀禮注疏》）。所以，江左等同於江東，江東就是江左。最讓我們困惑的當然不是東與左的問題，而是「江東」本身。長江自西往東流，長江的左邊是北，右邊是南，並沒有東、西兩個方向。往東去，不就到了海上嗎？怎麼還有「江東」這種地方呢？

這其實是我們的地理知識過度簡化所導致的誤會，雖說長江是從西向東流的，但絕大多數區段並非直直的東西方向。在湖北南部，它大體往東南方向流，到了下游就拐了個彎斜著向上流，從鄱陽湖往東北方向，直指南京，足有一千里的路途。過了揚州，才再次往東南折去，幾百里後匯入大海。

於是，這段長江就成了一個「V」形。如果人坐南朝北看，那麼「V」的左側，自然就是江東、江左。這片區域，恰好又是中國傳統意義上的「江南」。

江東、江左、江南近乎同一個地方，但是，漢字措辭的不同，帶來的是感受的不同。想說這裡是富貴繁華、煙雨濛濛之地，就用江南；想說某朝偏安一隅，不圖北上，不思進取，則叫江左；想形容此地民心可用，具有英雄氣概，則云江東。

有江東，自然就有江西。江西確實就在江東的西邊，並且還有另一個名字，江右。

只不過，「江右」這個名字很少有人知道。

在北方，也是一樣的道理。

黃河有往北再往南的區段，大略呈一個「几」字形。以該大段為準，往西就是河右，往東就是河東。

當然了，「几」字右側從北往南下去的河道，西邊也叫「河西」或「河右」。但這樣的稱呼主要存在於秦代以前。漢唐時期，西域統歸中國，人們的視野擴大，河右也就主要指整個「几」字的右邊了。

中國的地名裡，很多都帶「陰」、「陽」兩字。如江陰、淮陰、湯陰、蒙陰、華陰、岳陽、汾陽、萊陽、海陽、阜陽、貴陽、咸陽。那麼，這裡「陰」、「陽」又是依據什麼劃分的呢？

首先，山南為「陽」很好理解。南向的山坡，自然是向陽的，向陽就為「陽」。

因此而來的地名非常多，譬如岳陽北邊就是幕阜山。王象之在《輿地紀勝》中說，幕阜山也叫天岳山，天岳山南邊的地方，自然就叫岳陽了。貴陽也是這樣的，它地處貴山的南面。

反之，山的北坡是陰涼之地，故而為陰。華陰在華山的北邊，蒙陰在蒙山的北面。

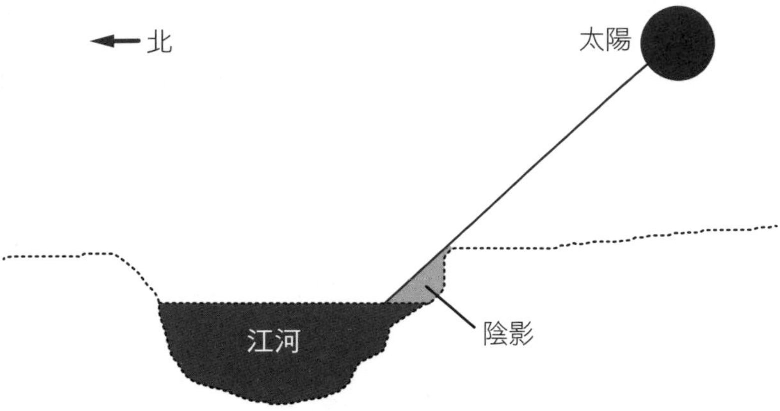

懂得了這樣的規則，當我們見到「某（山）陽」時，立即就會知道這座城市是在大山的南面；見到「某（山）陰」，就知道它地處山北。

只是，到了水上就有點難理解了。

古人云：「水北為陽，水南為陰。」依據又是什麼呢？

有人說，是因山與水剛好相反，古人刻意去湊對。又有人說，水本身就是陰，陰之陰自然為陽，陰之陽自然為陰。這樣的分析是錯誤的，因為陰中之陰是太陰，陰中之陽是厥陰。陰陽的身分當然可以轉換，但並沒有把陰說成是陽的道理。

古人對常見地名的命名邏輯，通常是沒那麼複雜的。

山是高於地面的，水是低於地面的。山的

南面固然向陽，但河道剛好相反。河道低於地面，河流與地面之間，有南、北兩個斜坡。北面的坡向陽，南面的坡背陽，以此給兩岸分出陰陽，就是這樣簡單。

因此，在中國，江河湖海的南岸就叫陰，如江陰（長江南面）、淮陰（淮河南面）、湯陰（原名蕩陰，在蕩水之南）。北面當然就是陽，如汾陽（汾河北面）、海陽（黃海北面）、瀏陽（瀏水北面）。

真正應用了五行方位命名的，是天下九州。

我們知道，東方屬木，為青龍。所謂「齊魯青未了」，鬱鬱蔥蔥的青州，就在神州大地的東面。北方屬水為玄武，玄就是黑，幽深，黑洞洞，對應的位置就是幽州，古云：「幽，黑也。」在一些時代九州的劃分中，幽州地處最北。

經過歷朝歷代的開拓，九州已經不單單是上古時期的九州了。它指的是整個中華大地，因此這一概念不僅是地理上，也是文化上的統一。

12 為什麼古代王朝統治者對大一統有如此深的執念？

唐咸通二年（八六一年），陷入敵手一百年的河隴故地終於回歸了大唐的懷抱。這片區域包括河西及隴右的大片土地，總共約四十五萬平方公里。故地的收復，使唐人感到振奮。當時占領該地的是吐蕃，吐蕃起先與唐朝友好，但後來分道揚鑣，趁唐朝虛弱時，搶掠唐朝的土地。它實施的又是奴隸制度，於是河隴陷落後，當地百姓都成了農奴，從事著極其沉重的徭役，不再被視作「人」，斷手、挖眼等酷刑，都是家常便飯。事實上，吐蕃的普通百姓經受的也是這樣的待遇，他們極其渴望被解救。

完成收復失地這一壯舉的，是敦煌人張議潮。當時敦煌已經落入敵手很久，並沒有收復的希望。然而，他卻心懷祖國，發動義軍，收復河隴，並向朝廷獻上圖籍。這一舉動，使當地華夷（漢、蕃）興奮至極。詩人張祜寫道：「共感垂衣匡濟力，華夷同見太平年。」這並非太平歌詞裡的粉飾，當時人們是真的喜極而泣。

唐朝曾經強盛過，而強盛過的國度，必然有天下一統的執念。但這樣的執念不只是強大的漢唐才有的，它幾乎影響了所有朝代、所有士民。上自帝王將相，侯門曳裾之輩；下至黎民百姓，引車賣漿者流，無不認同大一統的觀念。

為什麼我們總是強調「自古以來」？

「自古以來」就是「原本如此」。對國家來說，版圖主要上溯到上一段歷史時期。若以家族企業比喻，家族內擴大生產、兼併產業，兄弟子侄和成員內部不管是用什麼手段繼承，都是「原本有多少，諸多繼承人就繼承多少」，無論如何，外人是無從插手的。當然，這種繼承，要以實力作為保障。

清朝繼承並擴大了明朝的版圖，後來因為國力虛弱，不得已割讓了一部分土地。清朝後期，國力雖弱，但維持了中國的版圖。

與中國形成鮮明對比的，是有著悠久歷史，卻長期四分五裂的歐洲。目前歐洲總共有幾十個國家，它們各自為政，互不統轄，又互通有無。這種狀態，在靠吃紅利為生的和平時期固然可以令人富足安樂，卻無法承受一定的動盪，經常被人各個擊破。

歐洲與中國的面積相差不大，成員國國民基本上都是高加索人種（即白種人），但為什麼就是不能統一呢？

事實上，歐洲在羅馬帝國、法蘭克王國、拿破崙帝國時期，都形成過統一的局面。但它們的統一是短暫的，分裂才是歷史的主流。這是因為歐洲的民族認同、文化認同、價值認同，與中國有著巨大的差異。

在傳說中的炎黃時代，黃帝成為部落聯盟首領時，中國就有了大一統的格局，統一的基礎非常牢靠。那個時代距離我們太遠，我們不妨拿較近的家族來舉例。

明朝朱氏皇族從一開始的幾十人，經歷兩百多年的繁衍，最終登記在冊的朱元璋嫡系後裔，已經多達幾十萬人。

孔子的後裔也是如此，起初經歷了孔鯉、孔伋等好幾代命懸一線的單傳。到魏晉南北朝時，孔子後裔逐漸有了十多個人同時在世。明清時期，因為朝廷的養護政策，孔子後裔漸漸到一萬人。明清太平時期較久，孔氏的人數就從一萬暴增到後來的三十萬。

我們再回頭看李唐宗室對李姓的貢獻，漢代劉氏宗親對劉姓的貢獻。由此可見，「三皇五帝」並非一個虛空的概念，它可以比喻任何統治期很長的帝國，帝王本人及宗親後裔，因為占據絕對優勢的資源，他們的後代就會占據相當大的人口比例。

大戶後裔眾多，但傳上幾代就窮了。再傳幾代，人們的經濟情況便與普通人無異，稱為「破落戶」。但是，同姓之間相互提起來，都會說是「本家」。不要小瞧了這種血緣關係，只要相近族群在後世占有足夠高的比例，就有扯不斷的關係。

周朝諸侯，就是這樣那樣的親戚國。國君通常都是姬姓，即便不姓姬，也是為建國立下汗馬功勞的功臣，如齊國的始祖就是姜尚（姜子牙）。秦人的祖先，起初只是給周孝王當弼馬溫的，因為養馬養得很好，就被封到了秦邑。但若再往上看，我們就會知道，嬴姓的始祖是伯益，伯益的爺爺是大業，大業的太爺爺是顓頊，顓頊的爺爺是黃帝。

太過久遠的族譜，可能會有傳說的成分存在。但往上同出一源卻是毋庸置疑的，在文化上很容易聚攏。

秦始皇靠強大的武力掃清六國，統一文字、度量衡，法律與官制也是同樣的標準。但當時的中國已經有了分崩的苗頭，六國文字因為地緣隔絕，已經出現了不同的變化，習俗更是不盡相同。

這種情況在分裂時期是常有的。唐朝河隴地區被侵占的一百年間，當地的語言和風氣已經與當初有很多不同。但是，統一的到來，讓此地重新融入了大家庭。

由於秦始皇統一文字與法度，往後不管是漢人建立的國家政權，還是少數民族建立的國家政權，禮儀、制度，悉遵中華，認可中華的道統（儒家傳道的脈絡和系統），形成了強大的向心力。

歐洲卻不是這樣的。

歐洲人也期待過大一統，他們試圖以武力開路，制度墊底，打出一片天地，但均以失敗告終。等到內憂外患交加時，他們也常想聯合起來抵禦外來危機。

然而，歐洲的族群實在是太過複雜了，雖然同屬於高加索人種，但也分日爾曼人、斯拉夫人、拉丁人等。但這只是依據語系和文化相似性劃分的族群，其下是很多部落的集合，相互之間並沒有什麼向心力。在曾經的歷史紛爭中，誰都沒有占據主流。

強大的羅馬帝國曾經推行過統一的法令、語言與教育，但是分裂後，山河阻隔，城邦深險，語言不同，使歐洲人很難再統一起來。地緣阻隔不僅實際阻撓了歐洲的統一，也使各地形成了大不相同的文化。

中國的統一進程正說明了這一點。對中國來說，中原是基本盤，東夷、南蠻，阻礙不多，很容易突破。往西去有關口，不過人們可以沿著河西走廊到西域去。往北要過山海關，而只要過了山海關，就是東北廣闊的天地。藏地有高山阻隔，最為險峻，所以直至元代才納入版圖。四川四圍有高山阻擋，雖然很早就納入了中國的版圖，但易守難攻，在變亂時期，必然成為逃難的好去處。

相較於中國，歐洲的山嶺與平原分界明顯，山海將各地切實地分割。諸國分裂以後，相互防備，政治、經濟、文化的聯繫日益減少，思想、性格、風俗都產生了巨大差異。彼此間的紛爭，大大破壞了相互的好感，由於太久都沒有人有能力再行統一，就連宗教也散了夥，發展成不同的派系，視對方為異端。歐洲人幾度想過統一，但從沒真正地統一起來。

世界局面多變之時，統一起來的力量能夠與外界強大的勢力抗衡。歐洲人已經明白無法統一，只能相互將就，形成一個相對鬆散的利益共同體，即所謂的「歐洲一體化」來應對複雜的局面，以免孤立的小國得不到利益的保障。

然而，在壓力面前，成員國各懷鬼胎，一旦有變，「兄弟鬩於牆，外禦其侮」只是一種奢望。

13 古人最遠探索過哪裡？

中國古代最神奇、最荒誕、最廣博、最令人著迷的典籍，非《山海經》莫屬。

然而，一直以來，這個記載著地理尺度、山海名稱、奇珍異獸的典籍，卻因為內容太過離奇，而被人們視作「荒誕不經」的東西，沒有加以重視。

漢代以來，皆是如此。有些學者認為它的內容有事實支撐，並非都是胡言亂語。可是，九州以內的多數地方，怎麼都無法和裡頭的內容對應。因此，支持《山海經》者孤掌難鳴。到後來，它也就成了阿婆講給小孩子聽的神怪故事了。

然而，自二十世紀以來，事情卻出現了轉機。隨著全球化的進程加快，人們突然意識到，《山海經》裡用的很可能不是中原的尺度，所提到的山海，很可能不光在中國。其中的奇珍異獸，有可能分布在世界各地。

首先引起軒然大波的，是美國人亨麗埃特·默茨（Henriette Mertz）。當時她拿到的譯本只有《大荒東經》一卷，熟知地理的她在看過之後，得出了一個驚人的結論：「中國人在四千年前就來過美洲了。」

為了驗證自己的想法，她特別進行了地理考察與地圖繪製，將《大荒東經》的內容與美洲實際地理與民俗逐一對照，發現了太多不能僅稱為巧合的地方。她的理論有人支持，有人反對，一如《山海經》本身。

在中國古代，傳說《山海經》是大禹命人創作的。因為年代實在太過久遠，人們似乎很難找出實物證據來證明它與世界的聯繫。不過，隨著研究手段的進步，人們還是想到了證明的辦法。

多個最新的考古發掘以及分子人類學（基因定序）證據證明，美洲土著的印第安人與亞洲黃種人的基因高度相關。其基因主要源於東亞，而明顯不同於黑、白人種。近年中科院的DNA遺傳學分析研究也表明，中國的古人類與美洲土著人類之間「存在深度的古老祖源遺傳關聯」。

這些研究，不光搜集了當代數以千計的印第安人及東亞人的DNA，還檢測了被冰封的古人類遺骸，推斷了他們存活的年代。比如，根據一個被命名為「安基克」

（Anzick-1）的印第安兒童遺骸，我們能推測出他生活在一萬兩千六百年前。另一個叫「肯納威克」（kennewick）的成年人，則活在距今九千五百年前的古代。

學者們也就認同了印第安人的祖先，乃是從東亞穿越白令海峽抵達美洲的。當時氣候寒冷，原本就很淺的海峽結了冰，形成一個通道。

大禹所處的時代距今四、五千年，假設《山海經》確實是大禹時期的著作，那麼大禹派出的調查員前往美洲大陸時，當地遷居的土著早已存在。調查員到達美洲，記錄各地的風俗花鳥、人文地理，也是有可能的。

而這些進行地理大調查的工作人員，乃是奉大禹之命，丈量了山川尺度的大臣「豎亥」麾下眾多的「健行人」。可能是因地理與政治局面的變化，後來的中國與美洲音訊斷絕。

事實上，即便是陸路上實際接壤的國家，由於複雜的地緣關係，也經常無法溝通。深海難測，存在於《山海經》裡的美洲與非洲，就在很長一段時期內，成了遙遠的想像。其中略顯誇張的描寫，在後人的眼中變得荒誕不經。

不過，古人並沒有喪失對這個世界的好奇之心。幾千年來，他們展開了無數次探索。在中國，這種探索以漢代張騫出使西域、明代的鄭和下西洋最為著名。

很多人以為張騫奉大漢皇帝的命令出使西域，西域各國就得像歡迎唐僧一樣歡迎漢使，實際上完全不是這樣的。張騫剛出發就差點被搞死。他接到命令的時候二十五歲，率領一百多人去西域的大月氏結盟，但他還沒從隴西出境，就被匈奴人給俘虜了。

當時的匈奴非常強盛，疆土橫亙整個北方，又奪取了河西，時常南下搶掠。漢武帝決意滅掉匈奴，便想著和世代與匈奴人為敵的大月氏聯合，對其進行腹背夾擊。但想去大月氏，就必須經過匈奴人的地盤，匈奴人又不是吃素的，這就是張騫一行人被俘的原因。單于覺得張騫是個人才，強令他和匈奴女人結婚，送往匈奴西部地區監視。這麼做，是想讓張騫盡量遠離漢朝邊界，這一扣就是十年。

十年後，張騫還是瞅準機會跑掉了。他不忘使命，帶領隊伍走了幾十天，奔赴大宛（今烏茲別克斯坦的費爾干納盆地），過康居，終於抵達了大月氏。途中累死、餓死、病死了不少人，但好在終於到了目的地。

然而，此時的大月氏，已經不是原先的大月氏了。他們已經變弱，並不想招惹強大的匈奴人，完全不同意張騫的遊說。張騫留在那裡苦勸一年，知道最終難以達成一致意見。於是，他又親訪中亞各國，甚至訪問更遙遠的國度。

張騫回朝時，依然要躲著匈奴人，他意欲沿著崑崙山脈到祁連山，溜邊過境，結果還是被匈奴的斥候發現，又被俘虜。他們被扣了一年，趕上匈奴人發生內亂，眼見時機合適，張騫一行人連夜帶著妻兒老小，一溜煙跑回了漢朝。

在長安，他們受到了漢武帝熱烈的歡迎。漢武帝特封張騫為太中大夫，幾年後，再度命他出使西域，訪問中亞世界，分派人員遊說、巡覽諸國。張騫花了四、五年的時間，詳細調查了各國的情況，圓滿地完成了任務。

從張騫出使西域的過程，我們可以知道，阻撓人們探尋世界的往往不是舟車勞頓，旅途艱險，而是錯綜複雜的國際關係。尤其是諸國對資訊、路線的封鎖，導致陸路探索難上加難。

陸路走不通，只好走海路。

海上交流，自打人類文明開始之時就有。鄭和下西洋以前，中國人就知道世上有黑種人，黑種人或是主動前來，或是被阿拉伯世界的商人俘虜著乘船而來。

晉孝武帝司馬曜（362~396）的母親李陵容，原本只是宮中紡織作坊的一個宮女。她因為身材高大，膚色很黑，被其他人稱作「崑崙」。「崑崙」其實是個外號，特點是「膚黑如漆」。

司馬曜的父親簡文帝與其諸姬十年未育，簡文帝找相面先生去看能生育的妃嬪宮女，相面先生一見李陵容，就說此人面貌奇異，就是她了，這才有了司馬曜。

唐代的「崑崙奴」，其實就是進入中國的黑人奴婢。從外貌特徵上看，一般分兩種，一種矮，一種高。顯然，李陵容長得像高個子的崑崙，這種崑崙「目深體黑」，一般是大食國（阿拉伯帝國）送來的，可能是大食人從層期國抓來的黑人俘虜。這個層期國，就是馬達加斯加以及其西方非洲大陸東海岸的古國，與阿拉伯帝國最南的非洲東北部地界很近。

另外是矮黑人，也就是海島崑崙，實則是東南亞人，一般在南洋印尼等地。這種崑崙熟悉水性，也長期存在於古代中國。

中國的海路探索歷史悠久，鄭和下西洋，便是明朝走海路進行地理探索與宣揚國威的行動。他最遠到過紅海沿岸與非洲東海岸，抵達了肯亞，最南到過慢八撒（蒙巴薩），那裡曾出土過大量中國瓷器與古錢幣。

古時人們確實對世界充滿了好奇，很想要探索世界的終極。蒙古帝國窩闊台曾派「和端等入北海，往復數年，得日不落之山」。使者和端往北去，往返用了好幾年，他發現了太陽永不落下的山脈。用現在的眼光看，他其實就是抵達了北極圈。

對古代普通人來說，異國太過遙遠，那些不著邊際的故事，就和神話傳說一樣了。

所以人們老拿「爪哇國（今印尼爪哇島一帶）」來形容沒邊（毫無根據）。在車馬很慢的年代，多數人連本縣都沒出過。人們所受的影響，最多來自鄰近的地區與國家。那些遙遠的地方，人們既到不了，也沒聽說過。所以人們並不是對外人漠不關心，只是無法感同身受。

這與通信高度發達的現代有著很大的不同，在地球村的時代，每個人都受著萬里之外人或事的影響，有時候影響還很大。健行人打探消息，數年才能往返一次，我們卻只需要打一個電話。如果願意，我們也可以一日之內從白山黑水抵達天涯海角。

當山海不再成為阻礙的時候，人們的命運也就連在一起。

14 為什麼《山海經》中的刑天跟西方傳說中的無頭人長得一樣？

《聊齋志異》中有一個無頭人的故事：

一個樵夫挑著杖去賣柴，回家的時候突然感覺後邊的杖頭變沉了，回頭一看，只見一個沒有頭的人掛在上面。他嚇壞了，抽出杖打那個無頭人，沒打幾下，那個人就不見了。樵夫嚇得逃到一個村子裡，天色已晚，村口有幾個人，舉著火把照著地面，似乎在找什麼東西。

樵夫問他們怎麼回事，他們說，剛才看見從天上突然掉下來一顆頭，突然又不見了。樵夫便把剛才的經歷說了一遍，這讓大家陷入了恐慌與困惑，想不出那是個什麼東西。後來，有個人提著籃子走路，突然瞧見籃子裡有顆頭，嚇得他扔掉籃子，那顆頭在地上滾了幾圈，也消失了。

這種古怪的故事，在民間傳說中屢見不鮮。

幾十年後，大學士紀昀（紀曉嵐）又在《閱微草堂筆記》中，記下了他從別人口中聽到的「無頭人」故事。

有一天，英勇公阿桂突然問紀曉嵐是否聽說過刑天舞干戚的事。紀曉嵐何等博學，便回答說，是《山海經》裡的，很荒誕，不可信。

阿桂就說：「先生可別以為《山海經》裡的記載就很荒誕，無頭人可是真有的。當初，科爾沁的台吉（爵位名）達爾瑪達都曾在漠北的深山裡碰見一頭逃跑的鹿，鹿的身上被射中一箭。於是他也射了一箭，把鹿射死。

「達爾瑪達都剛準備把鹿帶走，突然就看見有人騎馬過來。居然是個沒頭的人！無頭人的眼睛長在胸脯上，嘴巴長在肚臍上，聲音從肚子裡傳來。

「雖然達爾瑪達都聽不太懂他在說什麼，但看他比畫，知道意思是鹿是他射中的，別人不該搶。當時不光台吉自己，還有許多隨從，見到無頭人，都非常害怕。

「台吉素來膽大，指著自己的弓，示意這是大家一起射中的，應當一人一半。沒想到那個人竟然同意了，割了一半的鹿就離開了。不知道是什麼部族的，也不知道住哪裡，不過看他的形象，難道不是刑天的後裔嗎？」

紀曉嵐聽完，感慨說：「天地之大，何所不有？讀書人讀書太多，所見太少，拘泥於自身的見聞，不肯相信的事情太多了。《山海經》和《禹本紀》的所有怪物，我都不敢信。但是，列子說大禹曾經探訪過這種稀奇的部落，伯益也知道這類事，夷堅聽說過並也記了下來。這樣的無頭人，可能確實存在吧！」

《山海經》裡，關於無頭人的記載主要有兩則。

第一則在《海外西經》，主角正是刑天。刑天與天帝爭戰，被砍掉了頭，葬在常羊之山。他至死不休，非要和天帝決一死戰，於是用乳頭當眼

明代蔣應鎬《山海經》繪本中的刑天

睛，用肚臍當嘴巴，朝空氣舞弄干戚，也就是盾牌和大斧。刑天被殺之後，身首異處，被埋進了土裡還要爬出來，以乳為眼，以腹為口，拿起武器，發誓要殺掉老天。人們敬佩他至死不休的精神，把他當作了上古的戰神。

第二則記載是在《大荒西經》，傳說有的人沒有頭，持著戈戟與盾牌站著，名為「夏耕之屍」，據傳是夏桀的臣下。成湯在章山討伐夏桀，當著夏桀的面砍掉了夏耕的頭。夏耕沒有了頭，怕夏桀責怪自己，於是跑到巫山藏了起來。

這兩則故事確實非常荒誕，難怪紀曉嵐不信。然而，詭異的是，無頭人的傳說並不是中國才有。

下頁的圖是德國探險家華特・雷利（Walter Raleigh）在美洲探險時創作的，描繪的正是美洲傳說中的無頭人。

類似無頭人的傳說在世界各地比比皆是，最早的紀錄，也就比中國孔子的時代稍晚一些。當時古希臘歷史學家希羅多德記載了一種無頭人部族，叫布勒米（Blemmyae），又叫無頭人（Akephalos），另有一個名字 Sternophthalmoi，意思是胸之眼，他們的眼睛長在胸上。

我們無法說這純粹是巧合，因為世界上極有可能真的存在過這樣的無頭部落。只不

華特．雷利在 1596 年創作的〈埃瓦伊帕諾瑪〉（Ewaipanoma）

過他們不是真的沒有頭，只是假作無頭，以無頭人的形象出現在世人面前罷了。

在一些較為原始的部落裡，人們希望被敵人斬首後依然能繼續生活，便時常在祭祀的時候佯裝無頭之人。而在作戰之前，他們也會扮演無頭人，舞動手中的武器，用長髮遮掩頭部，在乳頭畫上眼睛，肚臍畫上嘴巴，用這種巫術讓敵人恐懼，從而喪失鬥志。

這麼做的確駭人。首先，世界上不可能有丟了腦袋還能活著的人，除非他是鬼。其次，即便不是鬼，一旦一個人丟了腦袋都不會死，那麼就沒什麼手段能殺死他了。

對手看到無頭鬼，怕得要命。至於本部族成員，因為相信即便沒了頭也能照常生活，一個個視死如歸。旅行者到了這種部落，應當也是看見了這種表演的。

這種不別死生的觀念，與清末農民軍念咒、喝紙灰頗為類似。

義和團運動時，有人當眾表演從高塔上跳下來後摔死，第二天卻又活蹦亂跳地出現在別人面前。打仗前，他們聚在一起施法念咒，相信如此就能刀槍不入，打起仗來猶如戰神附體，個個奮勇無比。

美國人蘇珊·懷斯·鮑爾（Susan Wise Bauer）在《世界的故事》（*The Story of the World*）近代史篇中說：「他們（義和團）還宣稱千萬個『靈魂戰士』會復活，幫助他們一起擊退西方人。」

人當然不會死而復生，只是越來越多的人相信亡魂的精神會進入肉體。「精衛難填空怨魄，刑天終舞作強魂」，鴉片戰爭後，中國百姓的日子苦不堪言，勞動所得多半要孝敬給朝廷與洋人。作為被侵略一方的中國，要割讓土地，背負賠款，在傳教士的包庇下，民間教民也仗勢欺人，搶奪村民的地產和糧食，經常訛詐村民。他們猶如「天」一樣，借著堅船利炮強大火力來欺壓弱小，農民能怎麼辦呢？

底層的農民雖然弱小，但絕不放棄反抗。他們不願死，但也不怕死。這正是刑天精神的延續。

在民間傳說中，像刑天這樣的無頭人並不是一直以作戰形態出現的。很多志怪筆記都記載了普通人沒了頭繼續活下去的傳言。

傳說有個陣亡的士卒，頭被砍掉了，但人還沒死，回家以後繼續生活。他也沒法說話，如果餓了，就寫一個「飢」字，讓他的妻子往他的喉管裡餵飯，如此二十年後才死。

南宋紹興二十五年（一一五五年），忠翊郎刁端禮途經浙江淳安縣，走到一個村子，借宿在一戶人家裡。這家夫婦在舂米，刁端禮問主人姓什麼，說姓潘。喝茶中，就聽見旁邊有動靜，突然瞥見一個沒有頭的人正在編草鞋，手速飛快，嚇得他叫了起來，小潘要他別慌，說那是他爸爸老潘。原來宣和年間，老潘被賊兵砍了腦袋，居然沒死，塗了藥後，傷口竟然痊癒了，還在旁邊另生了一個竅，吃飯的時候用竅吸。事情過去了三十六年，如今老潘已經七十歲了。刁端禮走後，神魂不寧了好幾天，每回想起來都覺得脊背發涼。

和許多神怪的紀錄一樣，隨著資訊技術的發展，無頭人的傳說漸漸就消失了。其實，所謂編草鞋的無頭人，可能就是被削掉了半塊腦袋依然存活的古人。這樣的人現在也是有的，漸漸在傳言中變成了「整個腦袋都沒了」。

以前，一件事從村口傳到村尾，可能就不太一樣了。我小時候聽說鄰鄉有戶人家的貓會說人話，就是典型的訛傳。其實是主人問小貓要不要吃飯，小貓就「嗯」一聲，問一加一等於幾，牠就叫兩聲，這都是動物經過訓練就能夠做到的，根本不稀奇。

人們出於某種期望而相信某個傳說，是因為確實有人受到過震撼，當然也極有可能確實「親眼所見」。一如民間流傳的「巨人」、「小人」、「雙頭人」、「無頭人」，對一部分人來說，他們確實是存在過的，只不過有時候別人看不見。

在西南地區（尤其是雲南），每到夏秋兩季，就有不少缺心眼兒的人亂吃蕈菇，這些蕈菇不少都有毒，導致食用者出現各種非常神奇的幻覺，最常見的就是小人國。

這些出現在眼前的小人，有的長不足一寸，有的則和小臂一樣長；有的是黑白色，有的則非常鮮豔。為了和這些小人互動，患者撮空理線（手指懸空梳理線頭），浪笑怪叫，胡說八道，場面非常滑稽。這種「小人」極有可能就是人們在吃了毒蘑菇後產生的「小人國幻覺」。

你說天底下沒有「小人」、「無頭人」這些怪物嗎？

人家確實見過。從古至今，有不少人都見過這樣的古怪，當然會認為他們確實存在。而在古代，因為資訊不暢，又缺乏權威的知識，出現在人們眼前的怪物，就給人們帶來了深深的恐懼，因此出現了祭拜鬼神的行為。

漢初的《神異經》，記載了年獸的故事。傳統故事裡的年獸，原本不叫「年」，而叫「山臊」，也叫「山魈」。顧名思義，它長得很像一棵人參，沒有穿衣服，總在河邊翻石頭，找螃蟹。夜裡，它靠近人的篝火，借人的火烤蟹，還經常偷人的鹽撒上去調味。

驅逐年獸的辦法，就是放爆竹嚇走它。

驅逐恐懼的儀式，就是尋求心理安慰的過程。

過年時放鞭炮、貼春聯，其實都是禳邪儀式的遺留。現今，人們有各種祛魅的方法，使原本神祕的東西得到了很好的解釋。人們不再恐懼妖異，因為妖異不再是妖異，它如此清晰地呈現在眾人的眼前，告訴我們生活的本來面貌。

15 漢唐時期的翻譯家都是從哪兒來的？

明成化八年（一四七二年），禮部官員上奏了一件非常嚴重的事：鴻臚寺裡的譯者人數超額了。

鴻臚寺是中央三省六部外另設立的一個部門，主要負責主持外事及凶喪禮儀。一切招待外蕃來訪、進貢，提供口譯、筆譯、同聲傳譯等事宜，都由他們負責。雖然鴻臚寺不屬於六部，但因為負責的內容和禮儀高度相關，就由禮部管理。而禮部之所以上奏人員超額的事，主要是因為這件事確實有點荒唐。

鴻臚寺裡有個四夷館，四夷館的業務有點類似現在的外語學院、編輯部、禮賓部，當然，主要職責還是翻譯外語。四夷館裡有兩種官生，一種負責筆譯，叫譯字官生；一種負責口譯，叫通事官生。

官生的履歷必須清白，經過官方重重審查，方可入館就職。這麼做的目的，就是杜絕官方的通事譯者出現人品奇差而水準稀爛的情況，也是為了防止間諜混入。但這麼個翻譯工作，卻有無數冗員。

在那時，翻譯是個有利可圖的工作。被叫作通事的翻譯，確實沒少利用職務之便來干擾官方的正常工作。在地方土司，他們非常喜歡利用朝廷官員和當地百姓語言不通從中漁利。通事自己會兩種語言，其他人都不會，那麼一切官方文件與精神，他們就可以胡亂傳達了。譬如，本來只收兩分錢銀子的稅費，他們往下傳達成八分。本來免租的，他們翻譯成「加派」。負責具體工作的小吏，也就是糧長、稅差，也與通事相互勾結，一年賺夠別人做一百年的錢，哪管百姓沸反盈天？

地方上的翻譯都如此，鴻臚寺的官生就更過分了。他們的工作枯燥但重要，水準差的幹不了，水準好的也需要大量訓練，這就使得教師能從中作梗。

禮部意識到了問題的嚴重性，但他們解決不了。這是個系統性的問題，便按正常程序上報皇帝，重新申明考核的重要性。禮部認為，以往的譯者不超過六十個，此時卻有好幾百個，有點氾濫。而且這些人大多是外語老師私自招收的學生，本來就沒經過審核，卻能任職而不幹正事，有事就從中漁利，著實可惡。

這幫內定的傢伙之所以能占領四夷館，原因是這樣的：教師領著薪水給學生上課，但除了薪水以外，並沒有其他收入；但如果開展課外教學，私收徒弟，就能收取巨額的補習費，然後幫學生「內推」。

老師在課外傾心傳授技巧，為公家授課的時候卻很糊弄。反正考試題目是老師出的，私收的學生便能輕鬆把其他學生給頂下來。靠推薦與頂缺，老師又能賺一筆。如此好事，何樂而不為呢？

在朝廷看來，這種行為卻是不可饒恕的。翻譯乃國家大事，是中外溝通的重要橋梁，影響非常大。人浮於事也還好說，但是等哪天外交部全成了某些人的私人財產，還不知道會搞出什麼事。

於是，成化皇帝立即發布政令，釐清選才辦法，要求鴻臚寺遴選前必須先呈報審核，所有人員經過考試，試用結束後，再考核一次，工作後每三年重考，才許正式入職，考核不過，發回原籍。

明代的四夷館，兼教育培訓、翻譯為一體。按照原有的設計，每一種語言都有一個館，分館下面還有不同語言，相當於現在的「系」。

起初主要有韃靼（蒙古語、通古斯語、突厥語）、女真（滿語）、西番（西域羌族等）、西天（印度語）、回回（回回、撒馬爾罕、天方、占城、日本、真臘、爪哇、滿剌加）、百夷（百夷、孟養、孟定、南甸、干崖、隴川、威遠州、灣甸、鎮康、大候、芒市、景東、鶴慶、者樂甸）、高昌（高昌、哈密、安定、阿端、曲先、罕東、魯陳、亦力把力、黑婁）、緬甸、八百（八百、老撾、車里、孟艮），幾乎囊括了古代中國周邊所有的語言。但是，隨著時代的發展，國際關係的改變，原有的課程已經不能滿足國際需求。於是，在這件事發生二十年後，朝廷又增設了暹羅譯字官，後來加設暹羅館。

暹羅這個地方相當於現在的泰國，暹羅語也就是古代的泰語。一開始，暹羅外交的職責是併在回回館裡的。但實際上回回館裡並沒有泰語老師，久而久之，暹羅發過來的信就沒人能看懂了，回信也沒辦法回。

朝廷只好下通知，讓暹羅先把文件翻譯成回回語後再送來，送來後再由回回館的譯者翻譯成漢語。回信時則反過來，先寫成回回語送到暹羅，暹羅那邊的譯者再翻譯成泰語。由於溝通的加強，這回朝廷索性從暹羅要來了幾個老師，直接把回回館那邊的學生叫去授課，以此為班底，組建了暹羅館。

古時候官方的翻譯者，大略都是透過授課、學習的方式，來學習多門語言。一開始就精通兩國語言的老師，要麼是透過學習得來，要麼就是身處兩種語言交匯的地帶，從小就耳濡目染，自然而然地會好幾國語言。

民間譯者也是如此。安史之亂的始作俑者安祿山，出身西域的康國，是粟特族人，但出生地卻是營州柳城（今遼寧朝陽）。這個地方靠近室韋、靺鞨、高句麗，漢人也很多。他的母親又是個突厥族的巫師，他本人幹的行業是牙子，是撮合人口買賣的，後來經常跑到幽州幹活（偷羊）。因為從小就生活在複雜的多語言環境中，使安祿山精通六種語言。後來，他偷羊時被軍閥張守珪抓住，由於說話很好聽，反而被張守珪認作義子，成為軍中不可多得的翻譯奇才。

類似這種人才，如果還能識字，往往被請去授課。

玄奘法師年輕時，就跟隨從西域到長安的僧人及胡商學習梵文。在西去取經的路上又邊走邊學，到天竺後，他梵文的水準越發精深。玄奘回國後開了譯場，招收大量學生，翻譯了大量的經書，為佛教的傳播及佛教的中國化做出了不可磨滅的貢獻。

那些很遠的國家，國內沒有人能聽懂他們的語言。但是，國家與國家之間總有比較近的中間國。

張騫出使西域，一開始副官是胡人堂邑父。此人是隴西人，本身精通匈奴語，又很勇猛，射術很好。前半程的翻譯和保衛工作，就是由他的團隊負責的。但是，過了大宛，到康居，抵達大月氏，就不那麼輕鬆了。即便是堂邑父，也不懂大月氏人說的吐火羅語。大宛的國君派了「導繹」，陪同張騫一行人繼續前進。這些翻譯家和張騫團隊裡的翻譯家懂的語言中有相同的，通常是由大宛譯者把吐火羅語翻譯成西域的某種語言，再由精通西域語言的人翻譯給張騫聽。正是這些熟悉多國語言的翻譯人員，讓大漢使者與極其遙遠的大月氏能夠順暢地溝通。

張騫帶回來的典籍和文件，自然也要經過譯者轉譯。而這樣的譯者，早在先秦就有了。在《周禮》中，他們被叫作「象胥」。每一種語言，有上士一人，中士二人，下士八人，徒二十人。如此有建制的團隊，不可能突然就出現，而是經歷了長期的磨合。要問翻譯這一行為到底是從什麼時候開始出現的，可就不好說了。

語言出現以前，就有不同部族相互征戰。語言出現以後，勝利一方掠奪失敗一方的人口和物資。勝利方男子往往會與失敗方女性俘虜有婚姻，他們的下一代就可以精通兩種語言。

官方有許多翻譯人員，但對民間的百姓來說，是很難聽懂各地方言的，更不要說外國語了。

明弘治年間，朝鮮官員崔溥到濟州島出差，在海上遭遇暴風，漂流到了浙江台州境內。因為語言不通，被當地百姓視為倭寇，遭到圍堵。幸虧是語言不通，但文字通，古朝鮮和古中國用的都是漢字。透過筆談的方式，崔溥自我辯解，一船人才避免了被殺的命運，順利進京面聖，並返回他們的祖國。

說方言也需要翻譯的情況，讓我想起了威海人的一個故事。威海屬於山東，但對山東其他地方的人來說，威海話實在很難懂。來自濟南的女婿到威海探望岳父，岳父不會說普通話，就需要媳婦做翻譯。結果媳婦有事出去了，岳父回到屋裡，看見女婿站在床上，奇怪地問這是怎麼了。

原來，經過一段時間的相處，女婿已經能聽個半懂，卻沒有意識到威海人會把「玩」說成「站」。岳父大人去院子前，對女婿說：「你床上站。」意思是讓女婿坐在床邊玩，喝喝茶，看看電視。女婿很困惑，不明白為什麼岳父非要他往床上站，心想肯定是要考驗他，於是毅然決然站了上去。

沒有翻譯，就是這麼容易鬧笑話。

16 為什麼中國園林多用牆圍起來，而外國園林多是開放的？

大約十年前，社會上流行一種說法：「中國人性格內閉，這從古典園林中就能看出來。中國的園林都是用高高的牆圍起來，西方園林則不是。西方園林是開放的，使人一覽無遺，清晨起來，鄰里之間打招呼，表現出一種開放的態度。中國人太自閉了，拒絕別人進入，不願敞開心扉。」

在中國園林中，圍牆的確是很重要的組成部分。不過，這段話的問題在於，我們對比藝術形式的時候，應當進行同類對比，而不是跳級對比。

皇家園林對比的應該是皇家園林，私家園林對比的應該是私家園林。城池對比的應該是城池，廟宇對比的應該是廟宇。

和歐洲宮殿不同，中國皇宮是九重闔閭，門禁森嚴，確實一度阻隔了市民近前參觀的想法。現存的歐洲宮殿，很多則都是直接對著大街的，市民可以在宮殿前面的廣場休閒。然而，這其實不是西方宮殿的本來面目。

文藝復興（相當於明代中期）以前，歐洲處於漫長而又黑暗的中世紀。那時候的宮廷都有高大的圍牆，守備相當森嚴。令人壓抑的石塊和高聳的大門，把小民擋在外面。有誰試圖攀爬翻越，就要受到嚴厲的懲罰。

這個時候，中國尚處於隋、唐、宋、元、明時期，政治模式沒有改變，皇宮的形式也就一以貫之地傳承下來，直至清末也是如此。

中世紀，歐洲貴族們深受戰亂困擾，使得他們更加內斂、隱逸，守著變態的清規，忍受攻伐混戰。他們讓民夫在野外陡峭險峻的山頂建立起高險的圍牆，牆內就是城堡，牆外是很深的護城河。這種城堡非常堅固，一夫當關，萬夫莫開。當敵軍來襲，城市和村鎮受到攻擊，城堡卻非常安全。而城堡之下，一般會設關卡收費。過路費是領主收入的主要來源，否則他們的生活將難以為繼。

文藝復興實質上是上層政治局面有了巨大改變。這時，王權打敗了教廷，也就打敗了宗教秉持的禁欲主義。昔日，貴族們各自為政，所謂「領地意識」，實際上就是藩鎮割據。他們必須把圍牆造得很高，易守難攻，以抵禦王權的干涉。而一旦王權興起，教廷沒落，第一件事必然就是拆牆。

西元前四九八年，魯定公為了限制三桓各自為政，以下犯上，在孔子的建議下，拆毀三桓的私邑，史稱「隳三都」。

歐洲的拆牆運動也是這種性質，文藝復興後，歐洲進入了較為太平的時期。浪漫主義在貴族間流行，他們受夠了壓抑的高樓，萌生出要到農村享受世俗生活的願望。但又不願意真的去農村，於是便模仿義大利鄉間別墅，在城市建造樓臺。

這種改建的「鄉間別墅」正是新一代皇宮的形象，它的主體非常高大，分多層，房間與房間相互串連，像緊密連接的矩陣。皇宮前面一般都有個廣場，廣場上有水池和噴泉，噴泉旁有白鴿，會在某一時刻一齊飛向城市的上空。

凡爾賽宮始建於明末，白金漢宮始建於清初。此時，中國正處於明清易代之際，清朝直接承用了明朝的皇宮，而即便不承用，建造出來的也只會是另一個盛京。這是因為中國古代的政治制度從始至終都沒有發生質的改變，官與民的關係也沒有質的改變。

中國古代城市，與帝京有相似的結構。官員都在城市的心臟部位，百姓分居城市內部，周邊設置高牆。當外敵來侵，官民需要攜手奮戰。

「人君田獵以時，鐘鼓有節，與民同樂」，仁德的君主必須要有與民同樂的心態，可以讓普通百姓進入皇家園林。但是，宮廷機要之地確實不能讓人隨便進入。能讓人進的，都是放養著野生動物的林苑。

譬如宋代的金明池和瓊林苑常對外開放，尤其是風光最好的春天，數以萬計的百姓會到此踏青遊玩。而皇家的寺廟、道觀、山林，有一些是普通百姓也能隨便進的，有些則完全不能讓百姓進入，而是由皇帝一家圈起來享用，這種園林以清代的圓明園最為有名。辛亥革命以來，隨著政治制度徹頭徹尾的改變，昔日只有皇帝才能享用的林泉，也紛紛變成了公園。

相較於皇家園林，中國的私家園林則活潑得多。園林的主人通常都是曾經在朝為官的文人，或富甲一方的商賈。

蘇州拙政園原本是明代還鄉官員王獻臣蓋的，因為家中不肖子熱衷賭博，一夜之間把園子輸給了徐少泉（傳說此人出了老千）。徐家人在拙政園裡住了一百多年，清代時將它賣給了大學士陳之遴。留園則是明代太僕寺少卿徐泰的私宅，後來幾經轉賣，到清代時被盛宣懷的父親盛康收購。

私家園林是私人住宅，供私人居住，一般不對外開放，這是可以理解的。和普通的民戶一樣，私家園林肯定設有圍牆，防賊、防盜、防偷窺，宣誓園林主權。不過，私家園林也經歷過商業化的進程。有些園子的主人將門戶開放，收取民眾的參觀費，只要付錢，就可以進去玩。由於遊客很多，裡面有不少擺攤的，主人會收攤位費，形成了一定規模的經濟體。

鄉野的別墅、園林，一般也都由地方官吏或富商、地主營造。他們死後，會把地分配給諸房子孫。有時候，園子的主人會把私宅弄成公園供人參觀。譬如濰縣有個園子，人們可以隨便進出，不知道的還以為是公園，「園亦有主，日啟園門，不禁遊人，謂之公園可也」。

主人不收費，所謂的收費專案，只有管園子裡的僕人要茶喝的時候才有。那僕人也不敢多收，頂多有個一、兩文的辛苦費，因為「主人有命也」，不許自家人靠這個賺錢。

這是貴族之間的對比，接下來才是平頭百姓。

中國古代農民，與中世紀的農奴，占全國人口的比例十分相似，都在四分之三以上。在中國，如果不是帝國晚期土地兼併嚴重，農民通常都會有屬於自己的院子，依據地契所規定的四至（東、西、南、北四個方向的範圍）蓋起圍牆。廚房與廁所分列院子兩邊，角落的石圈裡餵些家禽家畜，潔穢分離。百姓自給自足，遇到好的年月，也能豐衣足食。

然而，中世紀的農奴可沒有那麼好的運氣，目之所及，全是領主的地盤。農奴們種的地屬於領主，住的地方也是領主的恩賜。故而他們沒有自己的院子，住所大略是一個長長的茅屋，牲口常與人住在同一個屋簷下，味道非常濃烈。

這樣的住所當然是不能蓋圍牆的，它類似於工地的工棚，民工住工地是為了工作，不是為了關起門來生活，裡頭的一切都是土地主人的，自己並不能妄圖添加什麼。

文藝復興的同時，科技也在發展，促進了商業的進步。資本需要大量的人力，這些勞力自然由農奴充任。農奴們突然發現，靠自己的雙手勞動，可以不必為領主服務就能活下去。農民們有了養活自己的工作，就有了對農奴主說「不」的底氣。於是，農奴制突然瓦解。

然而，擁有了自己的住所的普通人，還是延續了千年的習慣。他們的院子通常沒有圍牆，就算有，也僅以矮牆、籬笆和外界隔離。裡面是人間煙火，外面是自然世界，所謂「人間煙火隔籬笆，怪底詩清為飲茶」。事實上，這種模式的院落，中國鄉野也有，但周遭一定沒有四鄰。

中國古代，普通民戶建牆，正是出於自我保護的需要。中國古代是宗族社會，村民一般聚集而居，親鄰的界限不是那麼明顯。可以說，近鄰就是近親，近親必然近鄰。這如同現今的兄妹姊弟，多數時候他們是和睦的。但法律與護罩總是為一小部分人設立，他們一有機會就想侵占別人的利益，完全沒有邊界感。解決侵占問題的辦法，便是直接在各自的地界上蓋牆。靠實體隔離，既能不侵占他人土地，也不給別人占便宜的機會，「莫管他人屋上霜，自家掃取門前雪」。

這類越權的行為，在不蓋牆的歐美也經常出現。不過，居民在法律強力的保障下，行為都會有所收斂，也更願意借助強力來自我保障。

既然享受了開闊的「領地」，宏大的視野，那麼，自家的也就成了公共的。自家的院子，要接受鄰里的監管，所以不可以放任何有礙觀瞻的東西。比如，許多地方規定不許在陽光下曬被子，院子裡不能有晾衣繩，否則鄰居有權要求調整並進行索賠。

這在中國人看來，簡直不可理喻。

總之，權利與義務是對等的。沒有沒來由的權利，也沒有不受監管的開放。到底喜歡哪種，也是見仁見智的事情了。

17 太極中的兩個小圓點是幹什麼的？

中國人大抵都見過太極圖，然而對太極圖的前世今生知者甚少：黑白兩魚，盤旋成圓，這樣的圖形一開始是怎麼形成的？又有什麼具體的含義呢？

近來，學者們發現了太極圖的另一奧妙：在地面上立一個長竿，或者直接測量某固定建築物在正午時刻（十二點）日影的長度，持續每天記錄資料。一年後整理資料，在一張紙上畫一個圓，把這個圓分割成三百六十五塊，每塊代表一天，日期依次排列。再把最短的影長（也就是夏至日的影長）設為零，用最長影長（也就是冬至日的影長）減去最短影長，將所得資料標為半徑。其餘日子的影長，也都減掉最短影長，所得資料按比例依次標記在三百六十多條半徑線上。最後，連接所有標記，你就會發現這就是一張太極圖。

最早的太極圖，很有可能就是這樣畫出來的。

有不少人重複過這個有趣的實驗，譬如一九八〇年代，田合祿在北回歸線立竿測影，記錄二十四節氣的日影長度，將圓劃為二十四塊，連接成一個非常標準的太極圖。到了二十一世紀，作家曹書敏在河南省登封市的告成鎮測量日影，也畫出了太極圖。

把日影圖與太極圖兩相對比，其相似程度之高，可見這不只是個巧合而已。

不單是日影，一年裡夜間時長的相對變化，也是太極。

這種測量方法並不是到現代才被發現的，只是古代人的發現被遺忘了太久，在

日影測量所成圖案（左）與明代楊向春《心易發微》中的太極圖（右）

此時復現了而已。在《黃帝內經．素問》中，它被叫作「因天之序」、「移光定位」。光影、時間、位置的變化，是「易」的一種形式。

測量日影，當然要用統一的標準柱，這種散布在全國各地的柱子，就叫作「表」。於是，「表」就成了古人理解自然、敬畏自然、利用自然的偉大工具，也是中國人認識天象，掌握時間變化的計時器。

漢代學者記載，「表」並非一根孤零零地立在那裡的柱子。在表的最頂端，通常還有兩條南北向和東西向十字交叉的木頭，叫作「交午木」。

簡而言之，它就是一根柱子，上面頂著個平放的十字架，所謂「一縱一橫為午，謂以木貫表柱四出」，意思是到了正午（十二點），地上的影子就只有一個「十」字。

除了正午外，地上的影子都是三條黑線相交，人們依據地面上的刻度確認時間。有大「表」就有小「表」，小「表」傾斜，就是日晷。

因為有計時的功能，大「表」常設立在人非常多的地方，比如廣場上。當然了，後來有的帝王拿它當平民論壇，讓百姓在上面留言及回應留言。

這不是開玩笑。古時賢明的君王，知道「表」就是言論彙集地，就將它當作「誹謗之木」，讓市民盡情留言，寫下對時局、朝政的建議與不滿。

然而，這種論壇性質的表，因為封建權貴的反對就消失了，很長一段時間成了擺設。到了秦代則直接被拆掉，漢代重新歸位後，也沒能保留原有的「論政」功能，僅剩一點「虛心納諫」的象徵意義，只被人們用來計時、計里、指路。

太極圖由表測出，原本並不叫作太極圖，而叫天地「自然河圖」，又叫「兩儀圖」，本來就反映了日影、夜長的變化，這兩者都包含在陰陽變化之內。古人對這個圖案進行繪製、觀察、理解、闡發，使這樣簡單的圖案有了更深的含義。「太極」兩個字，就是這樣取出來的。

太極，就是極端、頂點的意思，也可以說是原點、最初的混沌。混沌中生出陰陽兩儀，即表及生物所觀察、感受到的東西。陰陽兩儀生出四象（老陽、老陰、少陽、少陰）。四象再生出八卦，即乾（☰）、坎（☵）、艮（☶）、震（☳）、巽（☴）、離（☲）、坤（☷）、兌（☱）。八卦兩兩組合，就形成了六十四卦。

這六十四種卦象，就是「易」的組合變化，是「易」的本真、精髓，可以說囊括了萬事萬物的道理。

人們老以為「易」就是算命的，其實算命只是「易」其中一種微不足道的小小應用，被視為末技。人們更重視的，是蘊含在「易」中的「道法自然」的哲理。

舉個例子，上風下山為漸（䷴）。「漸」這個卦的意思是「不積跬步，無以至千里」，要人們循序漸進，不可急躁。

然而，成人總會忘記「漸」，譬如，一個人本來的能力就是一天讀懂兩頁書，學會一個知識點，那就老老實實讀懂兩頁書，學會一個知識點，不要想著半天學成個大學士，一小時搞懂一個專業。但人總會忘記這個簡單的道理，進而只能在焦慮中度過一整天的時光。

現實中，太多人有這種愚蠢的焦慮。由於我們把「漸」（䷴）顛倒過來，形成了「山風蠱」（䷑）的態勢，就陷入了巨大的迷茫中。

蠱卦，意味著迷惑、迷茫、焦慮、疲敝，猶如中了巫蠱之毒的可憐人，被邪道驅使，被鬼迷了心竅，似行屍，如走肉，困於當下，滿臉疲憊。這時候，就需要我們「整飭修治，振疲起衰」了。

太極圖中一開始沒有黑白魚眼，它們大約出現在宋代。宋人把對「陰極陽生」和「陽極陰生」的感受，描繪進了兩儀（太極）圖裡，好讓人們明白「易」的道理。

兩個小圓圈的含義眾說紛紜，有人說是「真如藏」，還有的說是「少陽」、「少陰」，其實都不對。

它是陰極盛大時的一點點陽，陽極盛大時的一點點陰；是強盛時的警惕，絕望中的希望，是樂極生悲，也是喜極而泣；無純陰，也無純陽，所謂「太陽真火即生於子（時），蓋陽無剝盡之理」，陰暗到極端時，光明就要來了。

在一片黑白中，魚眼看起來很另類，實際上是提示我們，「不同」確實存在，且一定存在；重點不是要我們「接納」不同，「尊重」不同，而是強調「不同是自然而然的」，就像風與火，水與木，它不是突兀的。一旦一個世界沒有了「不同」，那麼就離破滅不遠了。

至此，在古人的繪製下，我們所熟知的「太極圖」形成了，這意味著中國人「天人合一」的觀念有了進一步的發展。

《道德經》有言：「禍兮，福之所倚；福兮，禍之所伏。孰知其極？」福禍相生，此消彼長，也就意味著陰陽變易，無窮無極，沒有休止的時候。絕望中的苦人，總是懷著一點希望的。吃喝不愁，過於安逸的人們，反而會生出許多悵惘和抱怨。身在極點的人們嚮往著改變，那麼就一定會有所改變。

窮則變，變則通，通則久。歷史如此，人生亦如此。

人生觀

01
在終南山歸隱的都是什麼樣的人？

終南山是古代隱士落腳之處：姜子牙隱居磻溪谷，張良隱居紫柏山，孫思邈隱居於太白山，王維隱居於輞川別業。

這些地方，都在終南山境內。歷史上，數以萬計的隱居者在終南山結廬，終南山上豈不全是茅草屋了？

其實，終南山並不是一座孤山，而是一群山。它坐落於陝西省南面秦嶺山脈連綿數百里的廣大山林中，以太白、終南、驪山、藍田等山為主。它地域廣闊，環境幽深，有不少人跡罕至的「祕密基地」，實乃避亂、隱居的好去處。

秦末漢初有商山四皓，正是終南山的隱士。呂后的兒子劉盈的太子之位，有被戚夫人的兒子如意頂下來的危險，於是呂后請張良幫忙出謀畫策。張良便向呂后推薦了商山四皓，由這四人輔佐，使劉盈登上了皇位。

「四皓」就是四位白髮長者，當時他們已經八十多歲。一些史料說他們是秦朝末年的博士，精神矍鑠，衣冠甚偉，博古通今，剖斷如流，因為不滿始皇焚書坑儒的暴政，所以隱居起來。

不過，我們細心算一算就會知道，這四位長者並不算秦朝的移民，而是周朝的遺民。他們雖然身在秦國，卻出生、成長於周赧王時期。到了六十歲的時候才被建立了秦朝的秦始皇招攬。秦始皇焚書坑儒，活埋了許多學者，禁止天下人私藏諸子百家的書。當時，有人偶然提一句詩書，就被判斬首。四位老人對此非常失望，於是跑到深山老林躲著。

西周開國功臣姜子牙，也是因為商、周之交局面混亂，選擇明哲保身，隱居在終南山，避免了死於戰亂的悲劇。歷史上有相當一部分書籍，被這樣的隱士藏在深山，得以在亂世之後重現人間。譬如北周滅佛時，靜靄法師也逃到終南山，保存下了諸多佛教典籍與口耳相傳的教義。

四皓「通古今」、「典教職」，躲過秦朝暴政，在西漢初年再度出現，恢復了部分文脈。有了四皓這樣的先例，許許多多心懷天下，卻鬱鬱不得志的士人，也就開始了隱居的生活。

終南山的地理位置極佳，在長安南面，距離皇宮也就幾十里地。長安乃是漢、唐首都，帝國強盛如斯，聚集了大量的人才，自然也有無數抑鬱不得志的大好青年。這是我們應該注意到的另一個點，隱居之山通常都在首都的周圍，迎來的隱居者，多半也都是「京漂」。

武周時，武則天把國都從長安遷到洛陽。那時候的隱士就都跑去了嵩山，而不是終南山。武則天當了皇帝，武家人個個封王封侯。她伯父的兒子武攸緒也被封了成平王，本來他當官為民做主，很想做出一點成績。結果武家親戚武承嗣、武三思等人，囂張跋扈，殘害忠良，開始屠殺李氏宗親。武攸緒意識到要壞事，堅決提出辭職，放棄一切官爵，跑到洛陽東南方向幾十里的山林（嵩山）隱居。

武攸緒隱居嵩山的二十餘年裡，讀書、採藥、偃仰嘯歌。冬天住在茅屋裡，夏天住在山洞中，「一如山林之士」。後來，李氏奪回皇位，絕大多數武家人被殺，只有他得以善終，還受到了中宗、睿宗和玄宗的禮遇。然而，他一直沒出山，只在中宗復位時被強請了去，女兒結婚的時候也出去了一趟。皇帝說他「久厭簪紱，早暮林泉，守道不回」，他真是看透一切了。

明代至今，北京附近的山上，也有不少的隱居者。他們有的只是普普通通的打工者，有的則頗有資財，在山間住著別墅。而我們所熟知的隱士，一般都是後者。譬如王維，實則是「富人的隱居」。

富人隱居，自然不會住在茅草屋，而是蓋起豪華別墅，王維的別墅叫輞川別業。雖說只是個別墅，卻比普通別墅大了許多倍。它原本是在已故官員宋之問的輞川山莊上斥巨資改造而成的，王維後來接手。

王維這個人有潔癖，雇了兩個小僮，專門負責給一棵梧桐樹洗澡，他的屋裡也纖塵不染。王維的收入來源主要靠做官和酬贈，當時他擔任的是庫部郎中。在職期間，他的母親病逝，於是王維有了三年假期，到輞川別業守喪。他三年後起復，擔任吏部郎中。

現實中，絕大多數人沒有王維那樣的財力，自然也不會有什麼別業。他們不過是普普通通的士人，偶爾感慨「老家容不下靈魂，京城容不下肉身」，他們又何嘗不想在京城闖出一片天地呢？結果他們荒唐半生，落得個身無長物；煩透了人間無趣，想過無欲無求的生活，到山裡尋找內心的寧靜與自由。

但人怎能無欲無求呢？

求生是人的本能。於是，吃飯，就成了隱士們的頭等大事。當年，武攸緒推辭了一切賞賜，就連武則天賜他的金銀珠寶、名貴器皿、華麗服飾都落滿了灰，動都不動一下，是真智者，真名士。但他還是在外面買了幾畝地，「使奴耕種」，作為衣食來源。

普通人也只能自力更生，隱居選址，要靠近水源，附近要有一塊適合耕作的平地。開荒是當務之急，不事稼穡的士人們很快就會明白，不能老想著拿山林的野果充飢。野果的存在只是暫時的，除非是秋季，其他時間根本不可能吃飽。人類花了數萬年的時光，找到了投入產出最高的生產方式，就是種糧。因此，種地，就成了多數隱士必須學會的一門技術。詩云：「南海有耕叟，山林岸綸巾。」隱士必須和農民一樣，其次也要成為樵夫，才能活得下去。

漁樵耕讀，除了讀書，剩下三樣都很辛苦。光是耕與樵這兩樣，就花費了他們大量的精力。與此同時，如果沒有士人的身分，就要提心吊膽地躲避稅差的普查。一旦被人發現你在山裡開了荒，種著地，那麼稅收也就來了。

晚唐詩人杜荀鶴有一首〈時世行〉，寫一個寡婦因戰亂死了丈夫，地也毀了，於是砍柴煮野菜，卻不能躲避征糧，「任是深山更深處，也應無計避徵徭」。只要你沒擺脫農民戶籍，即便是躲在深山老林裡，也躲不掉徭役和稅收。開闢稅源，是糧差稅吏的重要職責，同時也是各級衙門攤派多徵的依據。再說了，人可以跑掉，地卻是躲不掉的。

然而，為何古代的隱士卻顯得如此逍遙快樂呢？

這是因為，凡有閒情逸致讀書、學習、思考人生的，都是已經取得功名，有一定收入，不用納稅的讀書人，也就是他們早就步入了「士」這一階層。這個階層，絕大多數普通百姓擠不進去，他們至少是在科舉中走出了第一步的秀才。秀才有定額，普通鄉鎮每個村每三十年也就出幾個。成為「士」是令人欣喜的，等於免除了徭役和稅收。

「士」，既指身分高貴的士人，也有「名士」的意思。

普通百姓一般無法更換戶籍，故而當不起隱士，承受不起賦稅與盤剝，活不下去，結果無外乎破產成為流民，出去要飯。

他們與隱士的最大關聯，可能就是在山中撿榛子的時候偶遇，可能被隱士雇用，耕種他們買下的田產，稅務與佃租費用由士人一力承擔，普通人為潛龍在淵的隱士出上一把力。

古時隱居在終南山的多是士人，他們懷著不同的心態，等待某個時刻的到來。對於他們來講，山林可以是心靈的棲息地，可以是放假遊玩的地方，也可以是升官發財的捷徑。

皇帝並不是傻子，他早已意識到有很多沽名釣譽之徒跑到山裡假裝神隱，因此當時才有了「真隱士」的說法。皇帝對假隱士予以呵斥，重則流放，對真隱士予以尊重，賜田五畝，放任自由。

畢竟皇帝也有發呆的時候，幻想著在山林裡無拘無束，自由自在。有那麼幾秒鐘，他們能夠理解隱士的心情。

對真隱士來說，逃離樊籠，返回自然，是極好的選擇。他們在山野逍遙快活，唯一痛心的就是無法實現政治抱負，為天下黎民登高一呼。因此，一旦有機會，他們就一定會出山，為蒼生謀幸福，此為真名士。

02

歸園田居的陶淵明日常生活是怎樣的？

我們並沒有真正地瞭解陶淵明。

陶淵明的〈歸園田居〉是田園詩代表作，表達了對官場生活的厭倦，對鄉村生活的嚮往，那樸素而又誠摯的情感感染了無數人。

古往今來的國人多多少少都有和他一樣的歸隱情結。在繁忙、庸碌、口是心非、爾虞我詐、為五斗米折腰的職場生活中，不知生活意義何在的人們，不免也會生起效仿心，想要晴耕雨讀，採菊東籬，悠然自得。然而，多數人迫於現實只能選擇繼續辛勞。人們時常感慨，以為陶淵明歸園的日子會更好過。

實際上不是這樣的。陶淵明歸隱後的生活，是最接近小農而明顯不同於小農的。接近小農，表示他非常辛苦，日子沒有那麼好過。這樣的日子，普通的士人是完全接受不了的。如果親眼看見他的生活狀態，甚至會心生鄙夷。

〈五柳先生傳〉實際上就是陶先生的自述，他回到老家種地，但自古以來種地就不賺錢，能吃飽就不錯了。他又嗜酒如命，沒有收入，便買不起酒。親朋好友知道他好這口，偶爾請他喝，他就抓住機會，每回都要喝得酩酊大醉。

陶淵明家裡的條件非常差，「環堵蕭然，不蔽風日」，土牆之上，是茅草頂棚，漏風又漏雨。家人沒錢買衣服，磨破了就縫上，實在縫不上，就打個結。家裡除了他本人，還有老娘、妻子、小孩，很多時候糧食不夠吃，只好挨餓。

能怎麼辦呢？

很多人會說，陶淵明有很多朋友，他完全可以靠朋友接濟生活。但陶淵明不是這麼想的，隱居時他住在農村，但朋友們都住在城裡，那些不在身邊的朋友，是很難指望得上的。而作為一個有自主思想的人，也不能總是開口去借，於是沒飯吃的時候，他就想到了一個天才的主意：當叫花子。

詩歌〈乞食〉描繪的正是陶淵明要飯的場景。當時已經沒飯吃了，陶淵明端著碗出門要飯。他一路上猶猶豫豫的，尋思著該去哪裡要，該找誰要，思來想去，得找個看起來裝修很好的家庭，便狠下心來，走到了一戶人家叩門，向主人說明了來意。

主人知道後，非常高興，不僅請他到家裡面坐，還一起喝了酒，從早上談到了晚上。他讚揚主人，說主人就是漂母（漂洗衣物的老婦）一樣的恩人，但他並不是韓信那樣前途無量，只有死了以後，在幽冥中報答主人的恩情。

偶爾飲酒，過年才吃點肉，古代的農民就是這樣生活的。

陶淵明原先在九江城東面的彭澤縣當縣令的時候，按規矩分到一塊地。地的面積不小，種出來的糧食歸縣令自己。這就為他這樣廉潔的官吏提供了一定的物質保障。家裡人想用這塊地種糧食，但陶淵明不願意，非要種高粱，因為高粱可以釀美酒。家人據理力爭，說全種高粱就要餓死人。他才向家人妥協，宣布其中兩百五十畝種高粱，剩下五十畝種粳米。

可是，陶淵明辭官後，這塊地也沒了。

古時許多官員，為官三年，斂財十萬。辭官還鄉，就會拿出任官之時撈的錢財購置大量的土地和房產，完成土地兼併的初期累積。而陶淵明為官清廉，一分餘財都沒有。雖然他不算是個好丈夫、好父親、好兒子，但確實是個好官，是廓然大公之人。回鄉後買不了地，他只好在南山開荒種豆子，好在他不用繳稅。

他的身體很不好，往往幹不動重活兒，種下豆子後很長時間沒有打理，導致「草盛豆苗稀」。這一點作物不夠吃，於是全家人每天編草鞋和涼席，他也親自動手，編好了就拿到市集上去賣，換錢買米。

他們日常的飲食就是粥，要自己煮。有一回正煮著粥，柴火引燃了茅屋。他開始救火，但是火躥得太快，燒成了一道壯觀的火牆。陶淵明一看，反正也救不了了，就跪下給大火磕頭，對火神說：「感謝你！要不是你，我就吃不上飯！」

這場大火，可能就是義熙三年（二〇七年）夏天燒毀他家宅的那場大火。

陶淵明畢竟是名士，不可能沒有一點好運氣。

江州的官員請他出山，給他送禮，他拒絕，但是好友前來拜訪時送的禮，他照單全收。官員、文學家顏延之名滿天下，本來兩人不認識，但都是文學家，也都是酒量子，某天坐在一起喝酒，就成了好朋友。顏延之這個人酒品太差，喝多了就抱著樹，什麼髒話都說得出來，出現過好幾次酒後失德事件，人謂之「顏彪」。這個「彪」，和遼北第一狠人范德彪的「彪」是同一個意思，陶淵明卻很喜歡他。

顏延之到始安赴任的時候，路過潯陽，專程去探望陶淵明。他知道陶淵明生活困難，臨走的時候留了兩萬（文）錢。陶淵明很不客氣地收下了，等顏延之走後，讓兒子拿去存在酒家，作為喝酒的預付款。每回取酒，就讓店家劃賬，省了掏錢包的麻煩。

但他一開始喝得太快了，後來才知道要省，於是常往酒裡兌水，以求「少延清歡」。

他喝稀飯，飲摻水的酒，幹農活，編草鞋。除去朋友偶爾送來的酒錢外，可以說陶淵明的生活與廣大農民一直以來的生活是一樣的。古語所謂「安貧樂道」，其實就是這樣的。安貧樂道的生活是貧寒、辛苦、飢餓的，往往是不可忍受的。

陶淵明和普通人的不同，是他可以選擇。有大錢不去賺，有官不去做，非要過人們眼中的苦日子，在這樣艱苦的條件下，陶淵明依然保持著逍遙樂觀的心態，正是人們欽佩他的原因。

他面對的還有輿論壓力。一些文士、好友固然欽佩他辭官的勇氣，但鄉民們可不知道他有什麼了不起的。平日裡只見到他不用繳稅卻依然貧困，此人慵懶、酗酒、迷糊，穿著破衣爛衫，還經常去要飯，走兩步，喝一口酒，不知道哪會兒就會躺在路邊或者人家的花叢下睡覺。農村人把這種人叫二流子。

然而，陶淵明終究是有別於田家混子的。隱居的二十多年裡，即便很多次曾被徵召去當大官，他都固辭不就。他無法改變風雲，也沒有選擇庸庸碌碌的富貴，而是選擇貧寒的無拘，清白懶散。

在他看來，錦衣玉食就要違背心願，自由自在就要忍受飢餓。當二者只能選擇一個的時候，他寧願選擇後者。故而梁啟超評價道：「自然界是他愛戀的伴侶，常常對著他笑。」

他選擇了自然，在人們不解的目光中自得其樂。

今天的人們，多少也都萌生過隱居的想法，但又唯恐隱居會使生活更加艱辛，消磨掉自得的樂趣。人們為飲食與聲色奔波，為自己和家人勞苦，食無味兮寢難眠，總是一副心事重重的樣子。自在的時光，也只存在於獨處的車裡，安靜無人攪擾的午夜。

人所憂慮的歸園之苦，對陶淵明來說是快樂的，他是自然的樂天派。古人談論陶淵明的詩歌之所以超俗，正是源於他的真誠。飢則扣門而乞食，飽則雞黍以迎客。古今賢之，貴其真也。

因為真誠，所以是令人敬佩的，更是遙不可及的。雖不能及，然心嚮往之。

03 李白遊覽名山大川的盤纏是從哪裡來的？

李白十八歲出門遠行，到過巴蜀、荊楚、吳越。三十歲京漂，尋找工作機會。一年後開始全國流浪。四十三歲奉詔入京，一年後被賜金放還，繼續漂泊。六十二歲時病逝於當塗。

他的一生，絕大多數時間都在雲遊。

清代錢梅溪在《履園叢話》中說「讀萬卷書，行萬里路」，讀書與遠遊，二者不可偏廢。但在人年輕時，總不能得兼，導致許多人的一生都在自設的囚籠裡度過。

他時常看見一些老書生在故紙堆中浸淫幾十年，但出了門就分不清東西南北，做事也方鑿圓枘，不知所謂。更有許多糊塗的師爺、白髮的長隨，走遍了十八個省，卻對中國的山川形勢、道路遠近、風俗厚薄、物產有何，皆茫然無知。因此，他提倡讀書人除卻人生中需要少壯努力的頭二十年，剩下的幾十年中，必須再讀書二十年，出遊二十年，著書二十年。

李白年少時，信奉過讀書無用論，以為學習沒什麼用處。經過老嫗「鐵杵磨成針」的激勵，他才開始發奮用功。讀書，使他的措辭渾然天成；遠遊，為他的詩歌添了瀟灑豪邁的氣象。

那麼，他遠遊的路費是怎麼來的呢？

有人認為李白的盤纏是靠爹給的。他的父親李客買賣做得很大，可以很輕鬆地資助兒子。這其實只是一種沒有實證的猜測，是根據李白的兩句詩做出的猜想。不過，可以確定的是，李白家裡即便不富，也絕對不窮。因為少年時的李白不僅讀了書，還因為文章好，能與社會上的名流交往，學習了劍術和道法，這是普通家庭支撐不起的。

然而，家庭資助不是一直都存在的。在各地旅行時，李白已經沒了家庭資助，經常陷入身無分文的境地，原因就是他的主業收入相當不穩定。

李白的詩歌浪漫而偉大，人們只知道他是詩人，很容易就忽略了「作家」這個職業屬性，也忽略了「作家」這個行業悠久的歷史，都以為只有現在的小說家、編劇才賺錢，而古人的版權意識淡薄，寫東西都沒有錢賺，實際上，古代名人的潤筆費數額驚人。

酸腐秀才當然很難靠寫作發財，他們平日裡幫人寫狀子和門聯，在明清時期，還有一些受書商的雇用，粗製濫造一批又一批的口水小說，勉強維持溫飽。但那些名聲在外的詩人，卻是社會名流爭相追捧的對象。如同書畫家有潤格（酬金價目表）一樣，錢財會主動送上門來。

李白的情況與漢代文學家司馬相如非常相似。

司馬相如年少時的家境也不錯，小時讀書，少年學劍，二十歲為漢景帝當侍衛。他武藝高強，經常與猛獸格鬥。二十一歲時，他辭官追隨梁孝王，二十七歲回老家，因為失去資助而陷入了貧困。

雖然他已經窮得要去掃大街了，但靠著絕佳的文筆與不俗的談吐，成功吸引到富商之女卓文君並與之私奔。靠婚姻訛了老岳父一大筆錢，結果就是被岳父逼著去京城上學。學習多年後，他又受到皇帝賞識，自此出了大名，有了十分豐厚的收入。

司馬相如在四十一歲時寫的〈長門賦〉，正是陳皇后為了挽救和漢武帝的感情，花了一百塊金餅請他寫的。一百金是普通人幾輩子都賺不來的錢，卻只是中年司馬相如一篇辭賦的稿費。

同樣地，著名文人寫墓誌銘也可以拿錢。元稹去世的時候，白居易為他寫墓誌銘。

為了答謝白居易，元家人拿出「臧獲、輿馬、綾帛，洎銀鞍、玉帶之物」，總價值六、七十萬錢的禮物作為「謝文之贄」。白居易與元稹情誼真摯，不想收錢。但元家人硬要給，他只好把錢都捐了出去。

李白也是有這類稿費收入的。重臣、權宦、將領，也經常透過買文的方式製造輿論。李白應當接到不少這樣的邀約，只是一概拒絕了。

他厭煩言不由衷，他曾經寫過誇讚帝王、美人的詩文，後來決定不再寫了，只靠著其他收入過日子。其他部分收入也是很高的，只是由於他花錢大手大腳，一擲千金，做了許多人的及時雨，沒顧及自己的開銷。

在揚州的時候，他曾散盡三十萬錢資助貧寒士子。在交遊過程中，他往往也視金錢如糞土，斗酒十千恣歡謔，完全不在乎接下來該怎麼辦。李白後來的潦倒，和他不擅長理財有一定的關係。如果說李白的旅行屬於「富遊」，那麼明代旅行家徐霞客就給「窮遊」做了最好的注腳。

徐霞客也是名門之後，祖上有萬畝良田，但到他這一輩時，家族已經破落了。他旅行時會隨身帶著一些盤纏，但不多，經常才走到半路就用光了。這時候，他只能拿身上能換錢的東西找人換，比如他曾拿頭巾找村民換乾糧。

徐霞客旅行的目的不是享受，卻也是奔赴夢想的享受。他住的地方通常是牛棚、豬圈、洞穴、石板，經常遭遇凶險的情況，幾度差點摔死，但他從不輕易退縮。直至他最終走廢了雙腿，同時完成了一生的夢想，注解了中國的大地。

家長自然不願意鼓勵孩子像徐霞客那樣進行太過凶險的旅行，也不鼓勵蹭吃蹭喝打秋風式的所謂「窮遊」。但是，有志向的人們，依然要心懷遠大，是一定要行萬里路的。行萬里路，既可以遊覽風景，也可以探訪人間。它需要人們解決吃、穿、住、行的現實問題，正是瞭解人間、適應人間的絕佳實踐。行萬里路無關錢財，只關乎人生態度。

行萬里路一般有以下三大阻礙。一是欲望，許多人會如蜀之鄙的富僧那樣，想買船去南海，想了好多年都沒有行動，實際上還是信念太少，藉口太多。二是時間，青春大好的時光裡，人們更喜歡躺著，對一切不是迫不得已的事都沒有執行力。三是安全，一個人出門，也確實不安全。

但這樣的困難其實都是可以解決的，如果總是不能解決，便意味著自己主觀上不想解決。

現今，三五成群的旅遊者在足夠安全的情況下，更願意去風景區看人山人海，去當地居民從不會光顧的網紅店吃昂貴的速食，在路邊買統一批發的石頭、絲綢和木板，走馬看花地拍幾張照。人們行萬里路，卻從不與人接觸，這又與糊塗的師爺、白髮的長隨有什麼區別呢？

「閉門求學，其學無用。欲從天下國家萬事萬物而學之，則汗漫九垓，遍游四宇尚已。」

對於有志者來說，只要下定決心，處處皆食糧。有志者事竟成，至於有沒有盤纏，倒也沒那麼重要了。

04 真實的俠客是什麼樣的？為什麼甘願為知己而死？

歷史上的俠客，與武俠小說裡的俠客大有不同。但其甘願為知己赴死的義氣，慷慨激昂的性格，卻是非常相似的。

他們有的是王孫公子豢養的身懷絕技而又知恩圖報的門客；有的則是在社會上流浪的「亡命之徒」，犯了事後，在逃亡過程中與人傾心結交，受到邀約，孤身犯險，刺殺目標。

俠客多出自「屠狗之輩」，而屠狗之輩，又多是「亡命之徒」。

春秋時期的刺客聶政，在老家殺了人，為了躲避仇家的追殺，帶著全家人躲到外地，以屠狗為業。荊軻的好友高漸離，原是貴族的公子，精通樂器，因為犯法逃亡，在外地屠狗為生。

不要以為「仗義每多屠狗輩」的意思，是屠戶大多行俠仗義，事實上，《水滸傳》中的鄭屠、《儒林外史》中的胡屠，也是屠戶，形象都不好。他們之所以不一樣，是因為這個邏輯關係是反著來的。

俠客多屠戶的原因，是這些人大多是殺過人的亡命之徒，本應領受死罪，匆忙間拖家帶口逃亡外地，只能混跡於底層社會，且選址一定在人員複雜的街區。在底層行業中，屠戶的地位是很低的。他們每天都在殺生。而屠戶中，又以屠狗最為可恥，最受人鄙視。

古人認可狗是人類忠誠的護衛，卻也不反對食用狗肉，一如貴族最愛吃的也是農民最珍愛的牛。但狗屠們所宰的狗，來源是不明的，多半是「雞鳴狗盜之徒」偷竊而來的。有些狗屠本身就參與這種行動，畢竟殺豬、宰羊是需要成本的，賣狗肉卻不需要。因為不需要很多成本，自然成了亡命之徒鍾愛的職業。

屠狗的輿論壓力很大，普通人不願從事，但亡命之徒不在乎。他們已經殺過人了，別人看他們的眼光已經不一樣了，再殺幾條狗也無所謂。因此，狗屠多是兇悍絕倫之人，如聶政、高漸離、樊噲，都完美地勾勒出了狗屠的畫像。

狗屠聶政武藝超群，可以以一敵百。他在韓國殺了人，跑到齊國避難。而當時禮崩樂壞，國與國之間的引渡條例基本作廢，互不管轄，讓他得以在齊國的鬧市安居。韓國貴族嚴仲子被韓國國相俠累追殺，逃難到齊國，聽說聶政的名聲後，請他為自己復仇。嚴仲子所看重的，正是聶政以一當百的勇力以及光明磊落的脾氣。可是，聶政還有個完全不同於其他刺客的缺陷——有家庭。

在真實的歷史中，俠客必須具備「光棍」這一特性。他們捨命在外，不能有家，一旦有家，就會變得貪生怕死。雖然不是為自己貪生，為自己怕死，但總歸有礙行動。

聶政有老母親，還有個關係非常好的姊姊，一家人其樂融融。嚴仲子知道此仇若想得報，非聶政不可，於是帶著禮物，不斷向他示好。聶政每次都拒絕他，不過，嚴仲子還是找到了他的軟肋——孝順母親。

嚴仲子故意等聶母過壽的時候送上驚喜大禮，雖然最終他們還是沒收，但這讓聶母非常高興，也讓聶政感動極了。從那以後，聶政便將自己的生命許了出去。

聶母死後，聶政主動找到嚴仲子，要為他報仇。他前往韓國，孤身犯險，衝入重圍，竟在相府將俠累殺死，還殺掉了幾十名趕來抓人的護衛。等他力氣用盡，便將自己的臉皮割了下來，挖掉了自己的眼睛，刺透自己的肚子，將腸胃挑了出來。他就是這樣來保護姊姊，使她不受牽連的。

但聶政的姊姊也是豪邁之人，聽說韓國國相被殺的事後，立即知道是弟弟幹的。於是也跑去韓國，跪在弟弟屍體旁邊哭了許久，最終高呼三聲「天啊」，然後死在弟弟的身邊。姊弟倆的事蹟驚動了天下，引得人們爭相傳頌。

在現實中，人人期待結識俠客，卻不願意成為別人的死士。先秦時期，俠義會被別人利用，哪怕自己掏心掏肺，一往無前，也往往成為某些人拱向前去的卒子。聶政姊弟的悲情，恰恰印證了這一點。

東漢洛陽的刺客聯盟「會任之家」，會集了大批流民俠客，實際上就是我們所說的「職業殺手」。俠客們平時的任務，是接受會任之家的委派去殺人，每回行動，會得到數額不等的獎金。會任之家，黑白通吃，相當於現在的勞務仲介。他們收錢辦事，執行嚴格的保密條例。達官貴人有什麼仇，只要拿著錢找到他們，他們都可以幫忙。他們往往是收取客戶十萬錢，只給刺客幾千，刺客就會搶單去做。刺客即死士，在聯盟下做事，就要遵守相應的章程，拚命殺死上級要求殺死的人物，若沒完成任務，是拿不到錢的。

當時洛陽遍地殺手，結果就是一到下午下班的時候，滿大街都是哀哭和慘叫聲。每回敲鼓的警報響起，受驚亂跑的人就會把情況搞得更糟，以至於「死傷橫道」。刺客們故意挑這個時候下手，就是為了事後好趁天黑隱匿自己。人們就算把鼓敲壞了，抓不到的刺客還是抓不到。

聯盟一邊向客戶收取高價，一邊盡量壓縮支出。他們雇用大量未成年人執行殺手任務，這正是市井中那些崇拜俠客而生起模仿之心的「任俠兒」，是刺客中最便宜的一種。

任俠兒都是十幾歲的少年，由於沒什麼教養，又崇尚聯盟裡素有威名的「大俠」，便心甘情願地成為這些「大俠」的小弟，有時候是小弟的小弟。他們在成年「俠客」的指揮下做事，收錢極少，有的甚至不收錢，只以忠義激勵，他們就能義無反顧地做事。

任俠兒具體的分工，一般由抽籤決定。因為他們平時喜歡拿彈弓打路人玩樂，所以抽籤就用彈弓的彈丸。抽到紅色彈丸的殺武吏，抽到黑色彈丸的殺文官，抽到白色彈丸的負責辦喪事。一個個願賭服輸，絕無怨言。任俠兒就這樣變成了得利者的替死鬼。

不過，大家也不必對歷史上的「俠客」大失所望。現實中，還是有不少為國為民的「俠之大者」。

大俠崇尚道義，根本不會為權貴去殺無辜之人，也不會依據自己的喜好和親疏關係去彈壓、震懾弱小。他們明辨是非，熱衷於靠武力主持正義，保護弱小者不被欺侮，以刀刃相加的手段，去對抗貪贓枉法的惡徒、貪官。他們有時候甚至為了心中的正義而對抗朝廷和官府。

從古至今，俠義精神代代相傳。

明末清初的大俠裘信甫，為莊氏明史案的受害者申冤奔走，挽救了錢塘陸氏、仁和范氏、海寧查氏三族，使他們倖免於難。

清末大俠王正誼，也就是聞名天下的大刀王五，原是個走鏢的，卻有滿腔的熱血，曾護送不願阿附權貴、因言獲罪而被貶到張家口的御史安維峻。他又與戊戌六君子之一的譚嗣同以兄弟相稱，為譚嗣同傳授劍術。梁啟超非常佩服他們，說他們「以道義相期許」。戊戌變法後，王正誼盡力護衛譚嗣同的安危。在譚嗣同被捕後，他傾盡全力營救。但譚嗣同已經決心赴義，拒絕了王五的好意，這使王五悲痛欲絕。譚嗣同被殺後，因為牽涉甚大，沒人敢去收屍，「俠客（王五）伏屍大哭，滌其血殮之」。

正是因為俠客們仗義疏財、不求回報、為國為民的壯烈情懷，引發了人們的敬仰之情。明清以來，市面上出現了大量的俠義小說，如《三俠五義》、《小五義》、《施公案》等。小說中，俠客剷除惡霸，扶助弱小，匡扶正義，保護賢官，抱打不平。「俠義之書一續出，人必爭先快睹」，一時間洛陽紙貴。凡聽書、看書之人，無不生俠義之心。男女老幼，都知道這些感人肺腑的俠義故事，為小說中的情節拍手稱快。

於是，在大是大非面前，人們形成了捨生取義、殺身成仁的是非觀。每當國難當頭，英雄兒女前仆後繼，赴湯蹈火，在所不辭，正是俠義思想的印記。

革命先輩拋頭顱，灑熱血，捨身換來了後世的和平歲月。他們不為貴族報私仇，把人民當成知己，將百姓視為至親，以勞苦大眾的痛癢為切身的痛癢，為了人民的幸福殫精竭慮，守護大眾的利益，保護百姓的周全。

他們是真正的俠之大者。

05 為什麼孔子會說「老而不死是為賊」？

所謂「仁者愛人，義者尊老」，人們尊敬老人，是因為老人閱歷豐富而身體日衰。閱歷豐富，則在對人性的見識上有許多可取之處。身體衰弱，則總有需要幫助的時候。與此同時，人們希望自家的長輩在外能得到別人的尊重與幫助，便因此以己推人，去尊重、幫助社會上的其他老人。

然而，有一句對老人很不客氣的話，叫「老而不死是為賊」，是用來罵那些年老而無德的人的。但是，也有一些人拿它來攻擊整個老年群體。清末陸士諤的《新水滸》中，時遷說：「豈不聽見孔夫子說，老而不死是為賊，那壽長的人都是賊子。」就直接把所有長壽之人說成賊了。

「老而不死是為賊」是孔子的話，但這句話其實是有背景的。

事情的起因，是孔子去探望自己的老相識原壤。當時原壤的娘死了，孔子去弔唁。他與弟子來到原壤家，看到的景象卻讓他大吃一驚。只見原壤的屋裡、院子裡，亂七八糟，臭氣熏天，說是狗窩都侮辱了狗。

原壤本人也是一副頹廢的樣子，孔子在外頭沒看見他，因為他躲在屋裡。客人來了，沒見孝子迎賓，還以為孝子因悲傷過度而暈了過去。但其實原壤倚在屋裡的牆上，蹺著個二郎腿一動也沒動。

孔子非常生氣，還是忍著怒火問：「棺槨呢？」原來他進門後沒看見棺材，也不知道他這個喪是怎麼發的。

只見原壤隨手指了指擱在一邊的棺槨，人們這才發現原來那落滿灰塵的板子就是棺材，剛才沒看出來。於是，孔子就和弟子一起把棺材擦了一遍。擦完以後，棺材很亮，原壤就高興了。他突然站起來，走到棺材旁說：「好久沒唱一首悲傷的歌了。」（原文為：久矣予之不托於音也。）他沒等孔子和學生們反應過來，就拍著棺材扯著破鑼嗓子唱：「狸貓的腦袋上有花斑，而我牽著妳的手好柔軟。」（原文為：狸首之斑然，執女手之卷然。）

這大概是一首情歌。

不唱不要緊，原壤一唱就把孔子給氣壞了。但孔子還是決定不與他一般見識，裝作沒聽見就走開了。這時，孔子的弟子受不了了，問道：「老師，您能和他絕交嗎？」孔子說，還是別了，親人終究是親人，故友終究是故友。

罵原壤「老而不死是為賊」，就發生在孔子進門以後，原壤唱歌以前。當時的孔子非常生氣，於是罵他：「年輕的時候你不孝順，不友愛，長大了一事無成。老不死的，你可真是個害人精。」（原文為：幼而不孫弟，長而無述焉，老而不死是為賊。）他還氣得拿拐杖敲原壤的小腿。

原壤原本也是個大好青年，當年與孔子的關係很好。但是他陷入了虛無主義的泥淖，整個人都很頹廢，無論是家庭還是自己的生活都不去經營，一副滿不在乎的樣子。親朋之間的關係也不維繫，總覺得什麼都沒意思。以前的朋友見他那樣，都離他而去。他母親死了，親朋都沒來弔喪，只有孔子帶著學生來了。

孔子知道他後來差勁，卻沒有和他絕交。再次見面，孔子就把話說得很重，氣的就是他活了這麼一大把年紀，還做坑人鬼。我們無法確知原壤到底是怎麼坑人的，但親朋確實嫌他坑人而紛紛遠離。母親死後，他連棺材都懶得擦一下，也不知道人死了多久才通知到孔子那裡，結果還得等孔子師徒來幫忙收拾。

原壞是自在的，但自在只是自己的。在孔子看來，這是不仁、不孝、不友、不悌的體現，是在給別人帶來煩惱。這種人年輕時還好，老了又能怎麼辦呢？還能怎麼辦，誰關心他，他就繼續跟著誰。

故而孔子罵他「老而不死是為賊」。這句話實質上是老友之間的辛辣諷刺和鞭策，就好比你的一個朋友太不像話了，你便教訓道：「你天天不幹正事，上課不學習，罵人家學習好的都是書呆子。你有別的特長也行啊，什麼都沒有！一天到晚吃了睡，睡了吃，醒了就知道玩手機，還瞧不起別人，男女老少都不愛搭理你，活著有什麼意思？」

後來你出名了，經常有人引用你的語錄，逢人便講：「活著有什麼意思？」還說這是你說的，你說你有多冤枉？

不過，話說出去，成了語錄，解釋權就不在說話者那邊了。後世的一些人，便老拿「老而不死是為賊」去罵老人，對於真正的老年賊子，就更不客氣了。

古人講「父慈子孝，兄友弟恭」。父親慈祥了，兒子才會孝順，兄長友愛了，弟弟才會恭敬。老年人如不慈，對家裡無德，是不配贏得「孝順」的。人們早已把孝當成法律去遵守，老而不慈，就更讓人鄙夷了。

中國歷朝歷代都提倡孝道，孝是與「忠君」並列的。在皇帝垂範為臣民榜樣的時代，百姓孝順尊長，就如同臣子服從君父，這有利於統治的穩定。為此，《周禮》有「不孝之刑」，漢代《孝經》說「五刑之屬三千，而罪莫大於不孝」。

統治者為「孝」制定法律，「孝」也就成了有法律依據的固定倫理，造成了權利和義務的不對等。即便君父不慈，臣子也要盡忠、盡孝，否則君父就可以降罪於臣子。

明代葛天民的《明鏡公案》中有一樁依據真實案例改編的案子，其中有言：「母欲治子，如俯地拾芥。但告他不孝，令官府打死他。」意思是，在古代，一位母親想修理自己兒子，只要告他不孝就可以了，官府真的能把兒子打死。當時的長官李太府提醒狀告兒子的洛氏：「母告子死，無有不死。」

回看這個案子，原來是一個名叫樊見的少年，見寡母洛氏與道士萬允正私通，就不許萬允正登門。母親去道觀的時候，他也跟著，生怕他們約會。現代離婚或夫死再嫁是天經地義的事，在古代卻不是這樣。古人以守寡為德，少年樊見的行為，就是這種思想作祟。但樊見的做法是符合古人道德操守的，沒想到這卻惹惱了洛氏和萬允正。

他們見面的機會很少，因此非常氣惱。在萬允正的建議下，洛氏便去官府狀告兒子，好讓官府把兒子打死。此事經李太府細心審查，才沒釀成冤案。如果是不耐煩的糊塗縣官，真的會把人打死了結。

現成的例子就有一個。清代《刑案匯覽三編》記載，道光二年（一八二二年），一個名叫江泳青的青年因忤逆父親而被判死刑。

起因是他的父親江玉鑽外出飲酒，喝得酩酊大醉，走到家門口，亂罵一氣。到屋裡又喊餓，要妻子曾氏給他煮飯。恰逢曾氏外出，沒人應聲，於是他又開始破口大罵。

這時候，江泳青從外面回來，見父親又喝那麼多，很生氣，勸他歇歇再說。江玉鑽一聽就不樂意了，開始怒罵兒子。江泳青說：「父親，家裡那點錢你全拿出去喝酒，不如多買幾個饃饃吃，也不至於忍飢挨餓！」

江玉鑽被兒子忤逆了，暴怒起來，大罵兒子不孝，摸起一根棍子（鋤柄）就打。江泳青抱頭鼠竄，江玉鑽則在後面追趕，結果一個不小心被絆倒，腦袋恰好磕在石頭上，左側額角被磕壞，兒子立即折返把他搬到床上，江玉鑽躺了四天後死了。

這種非正常死亡的案子，官府都會過問。經過審理，縣官按照「子不孝致父自盡」處置，說是因為兒子不孝順，導致父親自殺。如果真是這樣，應該判「斬決」，直接砍頭。但這個案子明顯就不該如此，因此審案的官員又酌情判了個「絞候」。江泳青「忤逆」父親，導致父親生氣，才有了磕死的後果。兒子還是得死，只不過要等到秋後或朝審後再執行。好在朝裡有明白人，部裡覆核的時候，大臣們發現江玉鑽之死根本怨不著江泳青，於是「另行審擬，以昭慎重」。

總之，從這樣可怕的例子足以見得，如果江泳青確實「忤逆」了他的父親，勸他少喝酒，省點錢買乾糧，導致江玉鑽想不開上了吊，那麼江泳青一定會被砍頭。這在現在簡直難以想像。

在我小時候，總聽老人們說以前的人再壞也都很孝順。這並非虛言，正是法律長期的偏向，使民間形成了「不孝死罪」的觀念，確實再渾的人也不敢拿父母怎麼樣。反過來，如果父母因小事去告兒女，則輿論反而不會偏向父母。因為一旦這麼做，兒女就會死，導致了一些兒女欺善怕惡的風氣。

孝敬的觀念，因為法律加持而影響深遠。古時的官員，總拿「天下無不是底（的）父母」替皇帝的錯誤開脫，也經常借此委婉表達對皇帝的不滿。

除去法律與制度規定，多數情況下，父母對於兒女的愛是真誠的。

中國很早就有養老院以及養老制度，「凡三王養老，皆引年」，夏、殷、周，三朝天子舉辦老人宴，都要根據戶籍核查老人的年齡，還規定家中有老人的可依法免除部分徭役。因此才有「家有一老，如有一寶」的觀念。

但在現實中，尤其是所謂「禮崩樂壞」的時代，多數百姓根本沒有養老保障，全靠兒子孝順（女兒通常外嫁，因此無法近前侍奉）。人到了一定年紀，幹不動活，又因為戶籍限制，沒有退休金，創造不了價值，被一些人視為累贅。在這樣的嫌棄、排擠下，老人會產生嚴重的自卑感。他們或是看見了孝順的孩子拚命幹活，而覺得自己只是個累贅，產生負罪感，有了「壽有何罪？老而不死是為賊！」的感慨。或是在遭遇事情時，行為變得扭曲。譬如自己不小心跌倒，就拚命抓住無辜的路人，一口咬定是被人家撞的，以免再度增加兒女的負擔，再度驗證自己的無用。如此不僅不怪自己不小心，還能為家裡多帶來些錢，有用，就能活得下去了。這樣扭曲的價值觀，長期存在於毫無保障的老人群體中。

近幾十年，宗族社會全面瓦解，老齡化社會逐漸形成。原子化（註：指人際關係疏離化）的人們，更加需要依靠政策來抵禦風險。養老體制的完善，有助於解決現代社會的新問題。

而提倡「孝道」，是制度保障不可及之時，最為穩健的養老方式。現代社會，對老人來說，更需要的已經不是金錢、糧食的支持，而是精神上的陪伴與心靈的慰藉。他們曾年輕，我們也將老去，尊重他們，也就是尊重我們的未來。

06 為什麼墨家的「兼愛」推行不下去？

先秦時期，有一個非常奇特的群體：他們從小就要接受嚴格的技能培訓，掌握當時各行各業最尖端的科學技術。他們本來可以依靠精湛的技藝，過著相當富裕的生活，卻無一例外地放棄享受。如同苦行僧一般，從事著極為艱難的事業。

與其說是事業，不如說是苦役。他們為「有利於天下」的理想而奮鬥，凡是對天下人有好處的，他們都去做。凡是對天下人有害的，他們都堅決反對。辛苦的勞動和長久的暴曬，使得成員們面目黧黑，手腳磨出老繭，身上衣服破爛，與底層工人、農民的外貌一樣，完全沒有一點知識分子的樣子。

他們懂得最實用的技術，最崇高的藝術，卻對金錢沒有什麼欲望；對外做工，收費低廉；所到之處，都會受到當地百姓的熱烈歡迎。

成員間有能力就相互救濟，有感悟就互相分享。他們有強力的組織，有統一的領導，接受「鉅子」的指揮，要遵守組織上嚴苛的紀律，行為準則就如同繩墨一樣，一切都有畫好的準線。成員不得越軌，不得犯法，一旦違背規矩，哪怕是鉅子的兒子也會遭到毫不留情的處置。

成員完全脫離低級趣味，從不問自己有什麼欲望，只希望能夠實現共同的理想，成就美好的天下。為了這個理想，他們赴湯蹈火，在所不辭。他們主張人與人無差別的愛，愛陌生人如同愛自身。他們還認為相互有愛的體現，就是人與人彼此的尊重，故而人不應該有相互攻擊的行為。

他們身體力行，當弱諸侯國遭到侵略的時候，成員便成百上千地組織起來，幫助弱諸侯國進行抵抗。成員聽從鉅子的安排，以俠義之精神，履行入會時的承諾。而鉅子則派成員中學識優良者到各國入仕，不停地遊說君王，以擴大組織的影響力。

這個神奇的組織，就是先秦諸子百家中的「墨家」。墨家的初代鉅子，就是其創始人墨子。

墨子是個神奇的人。他是宋國貴族的後裔，不過家庭早已沒落。他早先學過儒家思想，卻不認可儒家的許多觀點，於是效仿大禹，穿著草鞋丈量天下。他擅長學習，通曉了當時最尖端的黑科技。他在訪查民間疾苦時大有感悟，便以極其鮮明的個性和強大的執行力，將墨家學說推廣開來，使墨家成為當時與儒家並列的兩大顯學。《韓非子・顯學篇》說：「世之顯學，儒、墨也。」在當時，天下的學者，如果不是儒家的，那麼多半就是墨家的，可見墨家聲名之盛。

只是，眾所周知，這個神奇的學派，居然很快就沒落了，以致消失得無影無蹤。這到底是怎麼一回事呢？

其實墨家也是有傳承的，墨家的每一代鉅子，臨終前都會指定下一代鉅子，就如同君主指定繼承人一樣。

然而，理想是美好的，現實是骨感（指殘酷）的。墨子死後，當然要有鉅子接任。只是，鉅子必須非常有智慧，被絕大多數人崇拜才行。但社會上不可能一直有這樣的人，於是，才過了幾十年，墨家就陷入了群龍無首的境地，分裂成了三個不同的門派：相里氏、相夫氏、鄧陵氏。

墨家的分裂，就如同基督教的分裂。由於羅馬帝國的分裂，基督教由原先的一個教派分裂成了東、西兩派。兩邊都認為自己才是正統，對方是異端。

為了爭奪基督教的最高權力，教派之間爆發了激烈的衝突，從而勢不兩立。西派標榜親民，名為「天主」。東派標榜正統，名曰「東正」。後來，天主教內部嚴重腐敗，人們奮起反抗，又形成了一個脫離於天主教的新教派，名為「新教」。

墨家分裂成三個宗派後，也經歷了相互詆毀、攻訐的階段。墨子的學說太過龐雜，執行上有很大的困難，不便於人人遵守。因此，他們都做了不同的理解與取捨，挑選了對自身發展有利的內容去實行，摒棄了對自身發展不利的部分。

本來這樣的取捨有助於思想的傳播，但也導致了所謂的正邪之爭。三派都將自己定性為「本墨」，把其他門派稱作「別墨」。認為別人的都是假的，只有自己這邊的才是真的。（原文為：取捨相反不同，而皆自為真〔墨〕。）

好在分裂也不影響傳承。墨子死後指定的鉅子，可能就是孟勝。孟勝與陽城君交好，受到陽城君的委託，答應守護陽城。陽城危急的時候，他親自率領一百八十名弟子赴難。

弟子徐弱勸他說，陽城君已經跑掉了，陽城恐怕保不住了。我們這些人前去幫忙有什麼用呢？連事主都跑了，我們還能幫誰呢？這樣做對陽城君沒有任何好處，對我們也沒有好處，搞不好會讓墨家遭受滅頂之災。

但墨家崇尚俠義，十分重視承諾，又兼愛百姓，既然已經答應了守衛陽城，就一定會這麼做。於是，孟勝毅然決然地赴難了。同時派出三個弟子傳信，聲明把鉅子之位傳給賢德的田襄子。

田襄子成為鉅子後，以鉅子之名，命令三個送信者不要再去送死。但三人已經答應了孟勝，所以非要折返。最終，他們與孟勝在陽城一同赴死。

這一百八十名墨家弟子中，有一部分是受過墨子親傳的門生。如同孔子有三千名學生，賢者七十二人。墨子的門徒也非常多，一百八十名弟子裡，不少是得到真傳的。可是，最精英的一批墨者已經赴難，給墨家帶來的打擊就是致命的。

墨家後來產生分裂，也是可想而知的。

不過，不管分裂成什麼樣，墨家還是那樣，執著地守衛和平，加入守城陣營。但現實是，守城的一方往往非常虛弱，很快就會被破城，城破後往往有屠城，屠城就會被殺。幫忙守城的墨家弟子也不能倖免，一批又一批地被殺死。

墨家就是這樣艱難地傳承著，靠墨者強大的感召力，一代又一代的新墨者出現又消失。同時，和初代鉅子墨子面臨的情況一樣，後代墨者的思想，始終不能被多數國君所接受。

蔡元培認為，戰國時期的君王宰相正努力經營著諸侯國，想要富國強兵，不受欺辱。當時諸侯已經陷入了叢林法則，像儒、墨、道、農等家，講究仁德、兼愛，都是「迂闊不切事情」的。故而他們被國君友好地接待後，就被無情拋棄。而一種折衷各派的學說，以道學為體，儒學為用的學術，正中了君王的下懷，這正是嚴苛之法家。

諸侯爭霸了幾百年，最終是走法家路線的秦統一天下，結束了混戰。然而，秦朝建立以後，用法嚴苛，各級執法又不可能不變形，導致百姓苦不堪言，開始激烈反抗。

到漢初，飽受摧殘的人們普遍反感法家對人細緻入微的鉗制，十分厭惡法家的官吏。秦末兵亂，死傷慘重，人幾乎都被殺光了。活著的人們崇尚起黃老「無為而治」的思想。無為而治，正是嚴苛之後的放鬆，酷虐之後的反彈。無為而治並不是什麼都不幹，而是對於許多事，官府能不插手的就不插手，能不與民奪利的就不與民奪利。這為百姓提供了休養生息的機會，只用一代的時間，社會就重新繁榮起來。

不過，國家的統治不可能一直都這樣。管理疏鬆，就會出現大量鑽漏洞的人。最終少部分豪強坐大，大多數百姓積攢的利益逐漸被侵占。此時，強大的匈奴外患，也不允許漢朝繼續維持散漫疏鬆的狀態。統治者必須選擇另外的學說來改變這一局面。就這樣，儒家便被推到了臺前。這時候，墨家已經失勢。

墨家條律嚴苛，能夠維持本旨的學者寥寥無幾，還總是遭受滅頂之災。墨家儉省的禁欲主義，又與貴族所崇尚的享樂主義格格不入。它提倡「兼愛」、「尚同」，但組織中卻必須遵從鉅子的領導，鉅子等領導者生殺予奪，大權在握，系統本身就充滿了矛盾。

當初，墨子最得意的弟子禽滑釐捨棄家庭，全心全意服侍墨子，形同奴婢。墨子卻對他最差。

後世的墨者也都要接受這樣的現狀，他們對上級和同級有分享自己財產的義務，要把工資交上去扶助集體事業，卻往往得不到相應的回報。後來，組織中磨洋工（做事懶散拖延）、投機取巧的人越來越多，追隨墨家本真的人越來越少。隨著始皇帝焚書坑儒，墨家的多數著作也被燒毀，墨家便身死魂飛，徹底消亡了。

不過，天下還是有一些懂得墨家思想的人。

漢高祖劉邦以反對暴秦之法起兵。反對法家，正是劉氏皇權的根基。儒家講究上下尊卑的秩序，有利於統治的穩固。儒家還提倡「以孝治天下」，便能提高尊長君父的地位和權力，順便使老有所養，是很好取用的學說，於是被漢武帝採納。

然而，皇權的集中並不是只靠一個學說就可以的，也要靠強有力的手腕。故而統治者往往「外儒內法」，他們外表上提倡儒家，實際採用法家的手段，其中不乏各類詭計。

大名鼎鼎的「推恩令」，就是漢武帝利用手腕削除諸侯國勢力的重大舉措。

本來諸侯是有相當大的勢力的，他們的土地會傳給下一代國君，而其他王子沒有分地的資格。漢武帝卻頒布了新規定，改成諸國國君死後，王位由嫡長子繼承，土地卻由幾個兒子平均分掉。就這樣，諸侯內部開始亂套了。王子之間爭權奪勢，還要瓜分本來就不是很多的土地，漸漸形成了一個又一個小小的弱國。小國之間矛盾重重，根本不可能團結起來，稀碎的個人，原子化的個體，無力對抗強大的中央，最終很容易就形成了中央集權的局面。

墨家是不懂這些的。墨家關心的是科學技術，同情的是勞苦大眾，提倡的是兼愛，實行的是禁欲主義，給窮苦百姓極大的好感，但得不到統治者的支持，而且它本身的延續就是一個很大的問題。

但墨家的思想畢竟還是有用的，統治者便擷取其中有利的部分加以利用。在漢武帝「罷黜百家，獨尊儒術」後，他依然與道、雜、縱橫、陽明、刑名等學者和官員共同治理天下。而墨家的一些學問也被傳承利用，譬如攻城器械、百匠技藝就有墨學的傳承。

墨家也就和諸子百家一樣，匯流長江，東奔大海了。

07 王陽明的「心學」與「知行合一」到底在講什麼？

王守仁，字伯安，世稱「陽明先生」。明代傑出的理學家、教育家。他的父親王華是成化十七年辛丑科的進士第一人，也就是我們常說的狀元。王陽明的母親懷胎十四個月才分娩，而他到了五歲還不能說話。

但王陽明開始說話後，就表現出了超凡的智力。在老師看來，這個人喜歡「標新立異」。他認為，科舉並不是讀書人第一等要務，人最要緊的是「做聖賢」。這樣的願望在犬儒橫行的世界，無疑是很可笑的。

王陽明中舉、中第、為官，看起來為人超脫，居心又很正直，他因為仗義執言，得罪了奸宦劉瑾，遭了一頓毒打，被貶到貴州龍場當驛丞，負責迎來送往，很不入流。

但他沒有氣餒，而是用當地百姓喜歡的方式施行教化，深受百姓愛戴。但也就是這個時候，他陷入了極端的迷茫：人，究竟如何成聖？如何找到自我？

終於有一天，他頓悟了，「聖人之道，吾性自足，向之求理於事物者誤也」。一個人本身就是聖人，就是自己的太陽，不必向外尋求，先前所有在外物上尋找價值的行為，全都是錯的。向內尋求，以光明的本心做自我的主宰，不必增添一絲其他東西。王陽明由此創立了「陽明心學」，這也是中國古代哲學的最高峰，史稱「龍場悟道」。

陽明心學以佛教禪宗心為本體，繼承並發揚孟子的人性本善之學，反對朱熹、程頤格物致理的方法。因為王陽明經過實踐認為，如果樁樁件件都要尋理，除了累倒，沒有別的好處。人只要「致良知」而「知行合一」，就能發出光芒。

「良知」是每個人都有的，所有的惻隱之心，皆出自善良的本性。但之所以有人作惡，是被烏雲蒙蔽。人要做的，不過是撥雲見日，明見內心，自然有所改變。對於事，「如惡惡臭，如好好色」，知與行是完全統一的，一個人不可能聞到惡臭，另外生一個心去討厭和躲避，而是當時就會有行動。不可能聞到清香，格外再生一個歡喜心，而是當時就會深呼吸。對於良知也是如此的，為善去惡，就是格物。想著親人的冷暖，便會去關懷親人的冷暖，並一定會掌握方法。不去關懷，便是不知。

而知行合一，勢必要求我們掌握技藝，用誠用敬，無所不至。有了這樣的心，便一意栽培，沒有焦慮。如何「精一」，就是一心一意，栽樹時栽樹，澆水時澆水，不必去想著枝、葉、花、果，空想無益，按規律辦事，自然會有結果。

正德年間，劉瑾倒臺，王陽明官復原職。後來他又升了職，成為巡撫，管理南安、贛州、汀州、漳州等地。

這個地區非常混亂，山頭林立，梟雄競起，幾十年來混亂不堪，人民苦不堪言。入職後，他一舉平定諸多盜賊，被當地人驚呼為神。接著，他只用了四十多天的時間就平定了「宸濠之亂」（又稱寧王之亂）。其處變不驚，料事如神的作風，使足以禍亂中國，導致無數死傷的大亂被輕鬆瓦解。不管是現在，還是當時的人，都覺得平定「宸濠之亂」的過程太過輕鬆，甚至有人以為原因是朱宸濠很弱。實際上，朱宸濠起兵十萬，還聯絡了朝中的宦官，起兵時就已經殺死了江西巡撫、按察副使，設立了官僚機構，攻城掠地，已然殺出了江西。寧王之亂應與明初的燕王之亂、唐代的永王之亂一樣，該有一番作為的，但不幸的是，他的對手是王陽明。

王陽明總督兩廣，平定叛亂，採取的是誠心誠意地為不得已而為賊的百姓謀求出路的辦法，導致大量盜賊望風投降。對於那些繼續為亂的，則採用神出鬼沒的作戰方式。他是一介儒生，卻專兵自用，當仁不讓，詭詐多端，簡直狡猾至極。就連最傑出的將領，都猜不透他下一步的動向。他接連攻破諸多崖寨，大破斷藤峽叛軍，名震天下。

古人視「立功、立德、立言」為三不朽，王陽明便是達成三不朽成就的聖人。

他於國有大功勞，於道德講求「致良知」，於百姓有恩義，於言論立心學。在他去世後，門徒根據他的言行編纂了《傳習錄》，讓後世迷茫的人得以學習，使彷徨的人找到了光明所在。

王陽明非常有名，但實際上，多數人對記錄其言行的《傳習錄》並不熟悉，以為它晦澀難懂。其實是還沒有痛到深處，唯有人生陷入迷茫時，方知其可貴。王陽明是世俗的成功者，但絕不以世俗的成功標榜。他認為，聖人與愚夫愚婦沒有兩樣，下學就是上學的根底，人欲中正當的訴求就是天理。瞭解他的學說，對迷茫的人有莫大的幫助。

王陽明從來不拘一格，晚年講學，學生中有不少朝廷官員，文武全才，麒麟才子，還有今科狀元。學生無不是飽讀之士，而慕道者何止千萬？有某地名士，初次聽說陽明學說後，實在不大敢相信那套理論，但等到實踐之後，才知道什麼叫高山仰止。

王陽明的心學曾經被列為唯心主義的代表，遭到廣泛的批判。實際上，這樣的批判在當時就有了。

有一位友人與王陽明同遊南鎮，指著岩石間的花說：「先生總說心外無物，可如這樣的花樹，在深山之中，自己開，自己落，和我的心又有什麼相關呢？」王陽明說：「爾未看此花時，此花與爾心同歸於寂。爾來看此花時，則此花顏色，一時明白起來。便知此花不在爾的心外。」

他豈能不知花自開自落？只不過以花譬人喻罷了。人如能透見良知，則良知與美色、美味一樣。當他意識到了美好，就不必再另外起一個愛慕、親近的心，心本身就會明亮起來。心是欺騙不了身體的，當你經歷美好，整個人都是會發光的。

為什麼人還是會不開心呢？是因為隨著年齡的增長，良知漸漸被烏雲蒙蔽，內心見不到陽光，也就沒有了光明；失去根基，不鬆土施肥，不得其法，卻貪婪妄想枝葉花果，於是憂鬱、執拗、刻薄、焦慮都來了。

所謂「格物致知」，正是撥雲見日的努力。不要以為這和「自我的道德教育」一樣，王陽明所發現的，是對所有人來說最簡單有效的辦法。他和朱熹大有不同，朱熹的「格物」，要求人們對每一個物品、每一件事，都去思考它的道理與意義。然而，自從王陽明在婚後格竹格了七天七夜暈倒後，就對這種說法產生了極大的懷疑。

我們也時常陷入這樣焦頭爛額的紛亂中，每件事都分別去找它的道理。譬如對人際關係，也耗費精力費心琢磨，結果就是把人生本來就不足的時間與精力，浪費在逐一講求上，以有涯隨無涯，面對浩瀚的海洋，永遠有心無力。

王陽明請人們努力探尋自己內心的光明處，只做一件事，便是「精一」。該學習的時候沒有學習，所生起的負罪感，就是天良，就是良知，就是光明。良知是好的，就要如同好美色一般，認知與行動產生統一，自然就開始了學習。不去學，實際上還是不知道好歹。

當我們下手去做，便是未來的心安。我們不要去問結果，因為這個結果也是外物，結果其實就是用心的過程。人只要按照這件事本身的道理去做就可以了，如此，現在不會焦慮，未來也不會有焦慮。

王陽明生前講學，每次都會有數百、數千人旁聽。大家在山林之中討論，山谷之中全是論道的聲音，蔚然大觀。然而，他死後不久，其學生就感慨學說漸漸被人遺忘。人們日日講說「知行合一」，卻都只說不做，更不要說聽見「知行合一」就發笑的了。於是，他們聯合起來，搜集先生生前的語錄，不厭其煩瑣、重複，編成《傳習錄》刊發。

這本書，影響了無數人。

大明首輔徐階、張居正、趙貞吉，都是陽明心學的實踐者。清代許多封疆大吏，也都是王陽明的信徒。近人之中，能實踐出真知者，也多半受到了王陽明心學的影響。

更有海外人士，尤其是日本商人，以王陽明為榜樣，在實踐中運用心學，成為一代巨賈。

當今社會，有人追逐金錢、房屋、學歷、分數、美色，追逐任何能讓人安心的事物。但這都是「向外尋求」，向外尋求的東西，是靠不住的。儘管它們有的能暫時讓人滿意，但終究不會讓人得到內心的安寧。得到的人傲慢之中有焦慮，而得不到的人自卑之中有懊惱。富貴不知樂業，貧窮難耐淒涼。

這是當今社會部分人對生活不能滿意的根本原因，心與身分離，知與行離絕。心即宇宙，宇宙即心，心外無物，又何物不能有呢？

08 為什麼王陽明否定佛家的出世？

佛教產生於古印度，創始人釋迦牟尼是個王子。他經歷過一番困苦後，向人們傳播自己悟出來的道理。經過七百年的傳播，佛教已經在中國的西域形成了相當大的影響。彼時正值東漢末年，出使漢朝的大月氏王使伊存，將佛教描繪釋迦牟尼形象的《浮屠經》口授給漢朝博士弟子景盧，又由景盧進行傳播。從那以後，佛教便以點帶面，由上層傳播到底層。幾百年後的南北朝時期，天下男女多半信佛。

對普通百姓來說，佛教最主要的特點就是講究出家，人一旦出家，也就斬斷了紅塵眷戀，在形式上脫離家庭，到寺院生活、修行，以求解脫。

佛教講究不為名利所染，不貪圖金帛與田產，「遠離顛倒夢想，究竟涅槃」。然而，歷史中的佛門並非完全的清靜之地，由此形成的勢力，引發了統治者的忌憚。

南北朝時期，大量的寺院占據了大量的田產與資源。而由於出家人歷來可以免除徭役和賦稅，有大量百姓投靠，使得國無納稅之人，錢財競相往寺院流去。北魏的太武帝在太延四年（四三八年）開啟了第一次國家層面的「滅佛」行動，強令凡五十歲以下的沙彌（和尚）一律還俗。

不過，當時南北劃江而治，僧尼可以越境逃脫。北朝滅佛，僧尼們就往南朝跑。南朝不滅佛，佛教就在南朝繼續發展。

一百四十多年後，北方政令鬆懈，佛教徒又返回北邊，恢復了當年的昌盛。當時有不少人占著教門的便宜，大肆侵吞、兼併百姓的農田，形成了強悍的利益集團，使佛教成為當時的「五横」之一。他們「名掛編戶而浮游卒歲」、「執政居勢而漁食百姓」、「肆暴奸虐而動造不軌」，變成了難以監管和約束的集團。於是，北周武帝再度宣布滅佛。拆毀佛像，收回土地，強令三百萬名僧尼還俗。這個數字占當時人口很大的比例，而且全是壯年，在社會中造成了很大的影響。但佛教追求精神解脫，只要百姓生活困苦，佛教就有很深的群眾基礎，依然能頑強地發展下去。佛教到唐初達到鼎盛。唐太宗李世民雖然沒有與十三棍僧真的有過什麼故事，但他與佛教的情緣並非虛造。

李世民摯愛的長孫皇后名為「觀音婢」，意思就是觀音菩薩身邊的婢女。而後玄奘西天取經，受到了李世民的熱烈送迎。在李世民死後，未育的妃嬪都要出家，武則天作為李世民的才人，也就進入寺廟信了佛教。

唐代中期的唐憲宗，本身就是佛教徒，曾專門舉辦盛大的迎佛骨儀式。人們紛紛往寺廟裡投錢，傾家蕩產也要這麼做，不免造成了嚴重的社會問題。韓愈因此上表反佛，由於言辭激烈，差點被唐憲宗處死。

到唐武宗時，國家又開始滅佛。一共拆掉了近五千所大型寺院，四萬多餘所私人寺廟，迫使二十六萬人還俗，收回上好的農田幾千萬頃，史稱「會昌滅佛」。佛教將其稱為「會昌法難」，是佛教發展史上的一次重大災難。不過，唐武宗死後，佛教又迅速復甦了。雖然經歷了五代周世宗的毀佛行動，戰亂時佛教典籍被焚毀，再也無法重現當初的風光，但佛教依然在中國扎下了根基，因為千年的傳承使得佛教早就中國化了，沒有水土不服的毛病。

明清時期，佛教信徒依然不少。他們沒有昔日的狂熱，有的是佛教對人心的教化。禪宗直指人心，見性成佛。王陽明年輕的時候，也一度癡迷於佛教，要尋求精神寄託。然而，他苦思冥想，發現了信佛者之所以糾結，是因為佛教本身就有矛盾。人是割捨不掉人世間的感情的，更不可能視親為遠，視骨肉為陌生人。躊躇之際，他頓悟：「孝悌的念頭，是從孩提時就有的啊！如果去除了這個念頭，不就成斷種滅性了嗎？」

自此，他與佛教分道揚鑣。他認為，佛教的形式本身就是錯的，學佛者的困惑是有道理的，「佛家說不著相，實際上是著了相。我們儒生著相，其實是不著相」。所謂著相，就是執著於外相、虛相或個體意識，而偏離了本質。

學生黃直不明白，請王陽明進一步闡述。王陽明說：「佛教怕父子關係的牽累，於是逃避了父子關係。怕君臣關係拖累，於是逃卻了君臣關係。怕夫妻關係拖累，於是逃避了夫妻關係。這都是為君臣、父子、夫妻著了相，想要逃避。我們儒生有父子關係，就給它個仁愛。有君臣關係，就給它個忠義。有夫妻關係，就給它個禮節。什麼時候著過父子、君臣、夫妻的相了呢？」

王陽明反對佛教教義，實際上與古代許多百姓對和尚、尼姑充滿提防的原因是一致的。佛家以剃髮、離家、念經的形式，來區別於其他人，說是不著相，實際上全是著相。要求斬斷紅塵，更是不被普通人認可。

在王陽明看來，人的厭惡之心、歡喜之心，是本能的。對母親的感恩，對朋友的思念，對美好的追求，是正當的。佛家講究「眾生平等」，將人人有靈性，拓展為人人都是佛；將至親視為普通施主，將普通人視作釋迦牟尼佛。但人不可能對所有人同等對待，對惡霸與善者同樣禮貌，不生鄙夷，也不生歡喜。

「老吾老，以及人之老」，老吾老是根本，及人之老是枝葉。失卻根本，想得到枝葉，是行不通的。

佛家求清淨，是犯了「將迎意必」的毛病，信眾往往執著又固執，為了脫離苦海而不顧別人，帶著負罪感逃避到寺院、荒山，看似沒有私情雜念，實則只是滿足了自我的私心。

王陽明有所感悟後，曾勸杭州虎跑寺的和尚還俗。

他遇見一個打坐三年，不聽也不看的老和尚，突然問道：「和尚！你在聽什麼，又在看什麼？！」

老和尚非常生氣地說：「我三年來，從來不聽也不看，你怎麼能亂講？」

他笑了，問老和尚是哪裡人，父母是否健在。得知老和尚的母親還在，於是他問道：「那你想不想念自己的母親呢？」出家人不打誑語，老和尚黯然失色道：「怎麼能不想呢？」

王陽明說：「你說你不聽也不看，但你的心裡聽到了（她的哭泣），也看見了（她的身影），怎麼能說不聽、不看呢？」他又說：「想她，就該去看她啊！」

老和尚歷經三年修行，沒有戒掉塵俗，反而一直處於極大的痛苦之中，平日裡總是感到鬱悶。他這才意識到道理所在，想念一個人的確是私欲，但這私欲乃是光明又正當的欲望，那麼就是天理。

一時間，他淚流滿面，第二天就還俗，回家看老母親去了。

不過，一如對朱熹的態度，陽明心學本身起造於佛教的「本體」說，也就是認知「本心」的「明心見性」，因此陽明心學與佛教並非勢不兩立。但它徹底解決了佛家的矛盾之處，讓人正視內心，講究出世，又教人如何出世，如何收拾精神，做自我的主宰。王陽明正是因為站在巨人的肩膀上，成了心學集大成者。

09 為什麼明代士子選擇「躺平」？

秀才，意思是才德俊秀之士，又叫生員。在古時，考取了生員，就意味著步入了「士農工商」中「士」這一階層。

在明清小說裡，秀才的形象總是寒酸的。他們有個外號叫「窮措大」，也叫「窮醋大」，是說他們窮、酸，且高傲。

《儒林外史》中的吝嗇鬼，基本上都屬於士人階層。譬如有個胡三公子去買饅頭，店家要賣他三文錢一個，他不願意，非要給人家兩文錢。店家不願意，他「就與那饅頭店裡吵起來」。

古代的秀才真有那麼寒酸嗎？

多數是的，但也要相對而論。拿縣裡普通的秀才和省城、京城的達官貴人相比，當然顯得普通秀才極為寒酸。但要是與絕大多數的鄉村農民和城市貧民相比，秀才的身分、地位，可以說是非常高了，經濟條件也往往處於當時社會中等偏上。

明代清官海瑞，年少時在鄉下曾看見一桌子父老吃席，正肆意談笑，突然來了一個秀才，於是所有人「斂容息口」，一臉嚴肅，都不敢說話。秀才坐下，所有人都恭敬得如同見了縣官。秀才說什麼，都要洗耳恭聽。秀才動筷子，大家才敢動筷子。「惟秀才之容止是觀，惟秀才之言語是聽」，時間久了，有人憋不住，想開個低俗玩笑，也不敢大聲說，只敢竊竊私語。

古時在鄉間，秀才就是有這樣的地位。而「士」與「農」的區別就在這裡，秀才的地位高一級，就有高一級的待遇。

士人的權利不是空口白牙說出來的，而是實打實給出來的。因為是士人，所以不用幹農活，擺脫了繁重的勞動，形象上就比莊戶人家好很多。士人沒有徭役的煩惱，還不用受糧長和衙役的盤剝。如果是廩生（名列前茅的秀才），還能從公家領吃領喝。他們走在路上，都是挺胸抬頭的。路邊的人望見他們，都會滿含景仰地對人介紹：「這就是某齋長。」

《儒林外史》裡，范進中了秀才後，胡屠戶囑咐：「家門口這些做田的，扒糞的，不過是平頭百姓，你若與他拱手作揖，平起平坐，這就是壞了學校規矩，連我臉上都無光了。」證明秀才跟種田的打招呼，就是丟了身分。後來，范進又中了舉，更是不得了。

讀書人大都有自己的理想抱負，但親鄰期盼的卻總是富貴榮華。理想的光輝下，是人們趨利避害的本性。大家都想要逃避苦役，坐享利益。所以每個有能力攢錢送孩子讀書的家長，無不把鄉里的秀才當作後輩學習的榜樣，鼓勵孩子一定要成為那樣的人。

識字班的兒童背負著這樣的期盼，便開始了日復一日緊張刻苦的學習。朝代早期，人丁稀少，貧民子弟能比較容易地考上秀才。可是，隨著嬰兒潮的到來，越來越多被期待著成為人上人的孩子加入角逐，考秀才的難度就開始飆升。

明代朝廷鼓勵全民學習，熱衷於興建學校。人們的求學熱情也空前高漲，所有人都相信讀書就能改變命運。童生們擁擠在同一條路上，都有著同樣的小目標：考上秀才，接下來考舉人，甚至考進士，這導致了人才的「通貨膨脹」。

歷來鄉間的教育資源都是很匱乏的，考上秀才的人不多，在所有能讀得起書的人中，也屬於百裡挑一的人物。所以在鄉下，秀才依然能得到尊重。但在京、廣、蘇、杭等大城市裡，秀才的地位卻一落千丈。由於秀才越來越多，他們從原先衣冠楚楚的玉衣秀士，變成了人人都可調笑的窮酸人士。

科舉是朝廷收攏讀書人人心的一種手段，但考試卻不給結果是不行的。由於社會上太多人想受人尊敬，但考試錄取的名額完全不能滿足這些人的要求，朝廷就將名額一加再加。即便公家不給發任何補貼，人們也都願意擠進去當秀才。

城市的生員非常多，而農村的生員非常少；城市的生活好，而農村的生活差；城市資源多而農村資源少。於是，許多鄉下的生員，就沒有留在鄉里授課，而是選擇去城市打拚，與城市本來就有的「秀士」們聚在一起，造就了極度競爭的秀才生活。

想要不受人白眼，當然應該繼續考試。由秀才考取舉人的鄉試，就是一種全省範圍內的選拔性考試，也是從秀才百裡挑一的考試。一開始，舉人地位崇高，可以做官，甚至能當上知縣。但隨著舉人數量增多，後來的多數舉人，就只能徘徊在州縣佐貳官的級別裡混不出頭，很難找到升遷的機會，想要做大官，只能繼續參加會試，去考進士。

鄉試頂尖的學生，實在找不著出路，也有一套「如何考上理想大學」之類的創造收入的方法。優等生本身沒有什麼好出路，考上學以後，便開始教別人如何考學，出些應試心得與考古題。有一類名叫「程墨」的教學補充教材書，正是科考贏家親自挑選的符合程序的考卷，送到書坊加以刊發，由考生購買。如「處州馬純上先生精選《三科程墨持運》」，和現在的《五年高考三年模擬題》是一樣的。

多數秀才的仕途都不順利，加上有了家庭，只能另謀出路，很多都投身到「網路文學事業」。之所以說那是「網路文學」，是因為假設不以傳播途徑來論，那些存在於古代的、稀奇古怪的小說，性質確實就跟網路文章一樣。

在明代的圖書市場上，有大量的口水小說，基本上全是落魄的秀才寫出來的。這一行業的發展一直持續到清代。到了清代末年，更是出現了每日更新萬字的快手作家，如陸士諤。他寫的《新中國》，講了古人穿越到現代參觀「萬國博覽會」的故事，可以說是穿越小說的經典之作。

古代網路文章也經歷了一個大浪淘沙的過程。起初，賣得好的單行本多多少少都「誨淫」（涉黃），官府多有禁止。等這股風氣被整頓後，又誕生了一批半黃不黃，但爽感十足的意淫文。其內容大都是什麼美女愛上窮書生，狐狸精愛上窮書生，窮書生修身後位列仙班，等等。

與此同時，市面上也出現了大量改編自知名作品的同人文章，大多是人物設定不變，自編另外一套情節。如《西遊記》之後有《新西遊記》、《續西遊記》、《後西遊記》、《西遊記補》，《紅樓夢》之後有《紅樓圓夢》、《紅樓春夢》、《紅樓幻夢》、《後紅樓夢》、《續紅樓夢》、《復紅樓夢》等等。

如此大量的小說中，劣質作品固然很多，但在市場競爭過程中，讀者的口味也會發生變化。許多人不再滿足於那些品質較差的作品，市場上就湧現出許多相當優秀的作品。那些銷量高的優秀作品，讀者看了之後還會不斷催促作者趕快更新。

如明代凌濛初的《初刻拍案驚奇》完稿後，火爆程度遠遠超出他的想像。因為他受不了天天有人追問，加上自己又是出版商，既然能賺錢，就立即著手寫《二刻拍案驚奇》，這便是「三言二拍」中「二拍」的出書過程。不過，絕大多數作者沒有凌濛初那樣的財力，只好靠寫書維持個溫飽，過著「清苦低賤」的生活罷了。

擁擠的小說市場已經人仰馬翻，生員們必須另謀出路。起初，他們還顧及面子，不願意去做「下等人」做的事。但後來，各行各業中也都有了先生們的身影。

一些秀才投靠官府、鄉紳、商賈做事，形成了龐大的師爺群體。這些師爺也是有傳承的，以紹興為最，老師爺在紹興老家開班授課，培養下一代師爺。這些師爺中，很多都老老實實做事。但畢竟人的秉性是不同的，有的師爺卻很無賴，攬訟滋事，魚肉鄉民。

公家的位置畢竟有限，沒有投靠、依附他人的機會的生員，也就因為沒有編制，找不到工作，生活上沒多大進步，又不想淪為「下賤」的工人、商人，甚至成為太監（但確實有窮到頂的秀才自宮當太監的），還是想享福，就產生了嚴重的「躺平」的思想。

生員躺平，有真有假。譬如，有的人總要在小說的開篇放幾首看破紅塵的詩文，有的更是一口氣放十幾首。這些詩文都是平日裡他們自己寫出來卻發不出去的，只好堆在文章前頭，號召大家不要去爭，不要去搶，不要為五斗米折腰。但一轉眼，真到了缺油少鹽，沒飯吃的時候，這些人又不得不去爭，不得不去搶。

尤其是人數眾多的附學生員，相較於從國初就有定額的廩生，他們不能從公家領錢，又不願意做「屈才」的工作，導致「俯仰不足，婚喪無藉」。

有的窮得就剩個大褲衩子，天天喝稀飯，清明節跑去偷墳墓前的供品者有之，靦著老臉下鄉蹭席吃者亦有之。

他們沒錢買米，沒錢結婚，生不起，死不起，於是越想越氣，便「集公門告歉稱匱」。到這時候，數不勝數的寒酸秀才便會堵在官府前面索要待遇。遇上好心的縣官，可能會擠出點錢來補貼他們，買「城東豐腴田一百二十餘畝令佃」，用這點地租給秀才們發點糧食。但遇上沒那麼好心的普通縣官，這點補貼也是沒有的。

想想也是，農民出苦力，種糧食，一年到頭，好賴都能自食其力。秀才又不幹活，幹也掙不出吃的來，再不發東西接濟，他們的日子會很難過。

在「士農工商」的界限如此清晰的古代，讓士人去從事「鄙業」就算是一種侮辱了。

雖然也有秀才被迫下海從商，但他們骨子裡還是很瞧不起商人的，有商人穿戴生員的服裝，還會被認真的生員抓住去羞辱一頓。

范進儘管考上了秀才，還是很窮困，因為他的經濟地位配不上社會地位，他的岳父胡屠戶便瞧不起他，言語之間極盡刻薄。直至聽說老女婿范進中了舉，有了足以改變生活的資本，胡屠戶才話鋒一轉，態度一變，說他的這個女婿乃是「文曲星下凡」，打也打不得，動也動不得。

古代士子「躺平」是不得已的，是本就不多的優質資源被人搶光後，導致了行為上的「不進取」。實際上，他們一直渴望改變命運，但無法改變命運時，便想要擺脫別人踩過的陷阱，繞道旁人經歷過的漩渦。這與現代社會迷茫的人們是很像的，人們倒想無爭，但實際上還真不能躺著，因為人們所得的太少，卻背負的太多。

10 古人的平均壽命真的只有三十多歲嗎？

漢哀帝建平四年（西元前三年）正月，關東，數不清的百姓光著腳丫、披頭散髮，在路上瘋跑。

他們搬開路障，翻越牆頭，如僵屍一樣朝著同一個方向奔去。所有人的手裡都拿著一根秸稈，總共途經二十六個郡，他們見到沿路的百姓，就把秸稈發下去，說些奇奇怪怪的話。那些拿到秸稈的人，也陷入了恐慌之中，加入瘋跑的行列。

瘋跑的隊伍越來越長，場面異常可怕。最終，數以十萬計的人加入了瘋跑，從初春一直跑到了夏天。半年的時間裡，所有瘋跑者都抵達了長安，隨即開始在長安的大街小巷中祭祀「西王母」，招攬信徒。

他們紛紛傳書說：「西王母通告百姓：佩此書者不死。不信我的話，且看自家的門樞下，有白色的頭髮！」（原文為：「母告百姓，佩此書者不死。不信我言，視門樞下，當有白髮！」出自《漢書．五行志》。）

而他們手裡的秸稈，被叫作「行詔籌」，意思是在行走奔跑中下達西王母詔書的算籌，送出去一份，就有一份的功勞。凡手持秸稈者，皆是西王母的信徒。在長安，他們下達的則是西王母預言書。這種預言書和人的壽命有關，凡隨身帶著這種預言書的人，都會長生不死。不信西王母的人，家門口就會出現白色的頭髮。白髮是年老的象徵，家門口出現白髮，意味著這家人很快就會死。

這是一種詛咒。

當時天災人禍不斷，大批百姓死亡，人們非常恐慌。「傳行西王母籌」的活動，就是在這種氛圍中愈演愈烈的。

整個夏天，西王母的信徒都在長安歌舞、博弈、講演。所有人都相信這樣就可以長命百歲，直至秋天他們方才散去。

但是，這是一個騙局。那些白髮，其實是死忠信徒為了報復不信奉西王母的人，夜裡擱在人家門口的。信徒並沒有長生不死，和普通人一樣，照樣會生病，照樣會老去。但是，我們應當能從中看出人們對「不死」的渴望，以及對於戰爭和瘟疫的恐懼。

西王母，原是道教中一頭白髮的女神，後來演變為年輕貌美的攝生之神。這位女神精通養生之術，能讓人長生不死，故而在有著驚人死亡率的西漢末年、東漢初年，被推到了非常崇高的地位。許多皇帝癡迷於追求長生不死，讓道士煉製仙藥，反而常常因此早死。普通百姓是吃不起仙丹的，食能果腹就很不錯了。

面對無常的生活、脆弱的生命，人們當然想到了拜神。西王母就是這樣應運而生的長生之神。

根據許仕廉《人口論綱要》以及一九三六年實業部公布的分年齡死亡率統計，古人的平均壽命只有三十歲，這個資料是比較可信的，但值得注意的是，平均數是很會撒謊的，會讓人們產生很大的誤解。

許多人讀古籍讀得滿腹狐疑，因為在無數的典籍、筆記以及世情小說中，人們會看見，不管是帝王將相還是出場的普通人，多數古人都活到了六、七十歲，但為什麼一九三六年的統計結果顯示古人的平均壽命才三十多歲呢？

這個資料其實是被古代驚人的夭折率給拉低的。因為統計必須全面，所以既要統計年老的人，也要統計意外死亡的人，連夭折的人也要算上。超高的夭折率，自然會將平均壽命拉到很低的水準。

以清朝皇室為例，因為痘疹等疫流行太猛，有三分之一的孩子大多活不到成年。這也是古代民間的普遍情況，民間醫療衛生條件更差，缺醫少藥，以至於嬰孩都有個百日大關。只有嬰孩活過了百日，家人才敢大張旗鼓地慶祝。

災害與戰爭頻發的年代，人民流離失所，同樣出現了大量非正常死亡的情況。戰爭時期，最先死亡的，往往是被拉上戰場的青壯年。仗打到最後，還要拉著十多歲的小孩上戰場，死亡率就會更高。

研究古人的平均壽命，一般會從歷史戶籍檔案和族譜入手。確切的數字，應當從那些連「早殤」都統計進去的資料裡找。

有人將敦煌出土的戶籍中記載的古人之壽命進行了統計，結論是古人平均壽命為二十七歲到三十五歲，好一點的地方能達到四十歲。

《梅縣石塘李氏族譜》中，沒有記載一歲以內早夭的人口，卻有一歲到三歲早夭的人口的紀錄。在第十五世（清嘉慶、道光年間），該族有六十五位男丁，五十二位男丁配偶（女性），都是很普通的村民。統計出來的平均壽命就比較高，男性為四十一．六歲，女性為五十七．四歲（村民的妻子不可能是早夭人口）。

如果統計時再把男性早夭的人口也剔除，古人的平均壽命就更高了。《梅縣程江大亨村葉氏族譜》詳盡記載了每個村民的死亡年齡，排除所有早殤者，男性的平均壽命能到六十．一歲，女性則能到六十五．五歲。

在一百二十九個男性中，死亡年齡在四十歲以下的只有十三個，活到五十歲至七十歲的有六十三個，七十歲以上、八十歲以下的有二十一個，八十歲以上的有十五個，沒有人活到九十歲以上。女性的壽命一般比男性長，一百零三人中，有一半都活過了七十歲，其中八十歲以上的有十八人，有一人活過了九十歲。

此類統計還有很多。從中我們可以看出，在環境較好的古代村莊，如果不遭受兵火之災，不發生死亡率極高的瘟疫，居民衣食較為充足，只要不早夭，多數人都可以活到五十歲以上，有一些甚至能活到八十歲。

然而，這並不意味著平均數統計得不對。平均數的數值依然是對的，但給人的感覺卻是有問題的。畢竟多數活著的人，真的不會那麼早就死。

如果三分之一的人在一歲內夭折，剩下的人都活到五十歲，那麼平均年齡則為三十三．五歲。如果三分之一的人在一歲內夭折，三分之一的人因作戰而在二十歲死亡，三分之一的人活到了七十歲，那麼平均年齡則為三十歲。

我們絕不能因為「古人平均年齡三十歲」是對的，就到處說「古人都活不過三十歲」這樣的錯話。

遇上災荒、戰亂，人民的平均壽命就低得可憐。傳行西王母籌事件發生時，各省已經乾旱多年，當年春又大旱，糧食早就絕收，餓死了不少人。此番行動，看起來是百姓迷信西王母，想要長生不死，實際上是流民沿路號召流民，一同奔向長安要飯，強行向權貴索要本該屬於他們的資源和糧食。但此番行動在形式上卻利用傳籌、宣教，取得了很好的效果。

如果算上早夭人口，當時人的平均壽命很可能連二十歲都不到。不過，顯然瘋跑的人中，超過三十歲的比比皆是，白髮老者也有不少。

儘管古代五十歲的人不少見，但「人生七十古來稀」，能活過七十歲的人並不算很多，對那些長命百歲的人，人們也非常崇拜。

出於對壽星的崇拜，古人給家裡的壽星過生日的時候，往往會張貼老人本人的畫像。這起初是上層士人的行為，畢竟底層人是請不起畫師專門畫像的。但是，為壽星掛畫像的行為是可以模仿的。由於印刷行業的大發展，從宋代開始有了低成本效仿士人為壽星掛畫像的途徑，市面上出現了非常統一的壽星形象，模樣極為怪異。這些畫像裡的壽星身高三尺有餘，腦袋和身體差不多各占一半，有美髯，耳垂非常大。

這種畫像一般都會注上「壽星」的由來，說這是一個奇人，能夠延長別人的壽命。宋真宗還召見過他，賜他酒喝，他一口氣喝了一石。後來，這個怪人的形象就越發怪異了。他的身材依然不高，耳垂和腦袋依然很大，但額頭變得非常高。

這種奇異的長相，實則和現實中人們對奇異人士的想像有關。既然他很奇異，那麼長相一定也很奇怪。一如明代中期以來，人們對朱元璋形象的想像一樣，其實朱元璋並不是人們想像中那樣古怪的豬腰子臉。

在古蜀國，人們知道有一種眼睛能向外伸出去很遠的怪人。如果不是蟹一樣的眼睛，就是在額頭中間豎著另外一隻眼（如二郎神）。總之，有這兩種奇怪眼睛的人，都是縱目人，也就是蠶叢。縱目人的主要工作，就是把不聽話、不信西王母的人揪出來，吸收掉他的陽壽。傳行西王母籌的活動中，人們認定「縱目人」就是西王母的使者，於是一邊奔跑，一邊大喊：「縱目人要來啦！」

古代絕大多數人的壽命都比現在要短，當一個人年齡超過一百歲的時候，就被稱為「人瑞」，會受到普遍的尊敬。

到了清代，康熙、乾隆都辦過千叟宴。康熙六十歲大壽時，邀請了一千九百多名老人。乾隆五十歲的時候，邀請了三千九百名老人。乾隆過八十六歲生日時，邀請了六十歲以上的老人五千九百多名，但百歲老人卻只有十幾個。

在我幼時，村裡的老人常常會在五、六十歲的時候死去，能活過七十歲就算高壽了。近些年來，隨著生活水準的日益提高，七十歲不再像以前那樣難以達到了，八十歲的老者開始變得常見，九十歲的老者幾乎每個胡同裡都有，一百歲的老者也不算稀奇。

正是時代的進步，提高了人們的生活品質，為人們的未來提供了更多的可能性。

11

窮人活著有什麼意義？

古代所謂的「中產之家」與現代不同，只要日常能免於飢餓而略有盈餘，能夠應付一些突發狀況，就算家庭條件很好了。

中產之家的比例，在各個時代並不一致。

宋代是中國歷史上城市經濟較為發達的時代，但即便在臨安城裡，達到中產水準的家庭也只有十分之三，貧困人口則至少占到總人口的一半。

紹興府乃江南富庶之地，荒年的時候，多數人吃飯都成問題。依據朱熹在他那個時代的調查，紹興府除了餘姚、上虞外的其餘六個縣，大略有一百四十萬人。其中「四等、五等貧乏之戶」居然占到一百三十萬，這些人連稍微自給都做不到。這個令人詫異的現實，現代人其實很難想像。一百四十萬人口中有一百三十萬極端貧困，對應的是少部分人窮奢極欲，十個人的脂膏，供應一個人享樂。吳地向來富庶，可「吳儂樂歲無餘業，年災一值如赤貧」。我們看慣了官員們吟詩作對，熱衷於研究寧榮二府的才子佳人，卻對真正貧困的普通人的生活缺乏瞭解。

赤貧者「大抵乏食，採木實草根，以延朝夕」，他們往往窮到要挖草根為生。一旦遭遇乾旱，他們就「轉死溝壑」，成為餓殍；不想死的，「不得已而為盜賊」。每個朝代農民起義的原因歸根結柢只有一個，就是活不下去了。富庶之地尚且如此，其他地方的情況也就可想而知了。

如此多的人生活貧苦，絕不是因為他們懶惰，而是與時代的局面和當時的政策息息相關。朝政腐敗時，官府橫徵暴斂，「朘小民以保上官之生」。遭遇災荒，各級官府也欺上瞞下，百姓依然要繳納賦稅及各色加派，否則就要被拉到衙門血濺石階。為了還錢，他們不得已賣房、賣地，使得窮者更窮，富者更富，土地兼併愈演愈烈。普通家庭經不起衝擊，任何需要花錢的事都會讓本就脆弱的家庭經濟雪上加霜；很快的，一部分人成為負收入者，淪為奴隸。即便是太平盛世，農民也至少要將所得的一半交出去，還要義務出夫，參加為期不短的傜役。

持續的付出，對應的卻是生活的貧寒。農民，甚至包括許多士子，都在貧困線上掙扎，往往一年到頭吃不上一口肉，生活非常艱難。相較於「肉食者」，他們的生活似乎完全沒有希望。於是有人問，這樣活著有什麼意思呢？

對於這樣的問題，古人其實早已討論過。

與現今的多數人想得不一樣，衣食無憂者反而更容易陷入虛無，而忍飢挨餓者的精神追求，更加簡單直接且熱烈。追求更高層次的精神畢竟是困難的，但生活越差，求生的本能就越激烈。這是一直生活在溫室中的人無法理解，也無法感同身受的。窮人也有願望。在明代《溫氏母訓》中有這樣一段話：

人生只消受得一個「巴」字。日巴晚，月巴圓，農夫巴一年，科舉巴三年，官長巴六年、九年。父巴子，子巴孫。巴得歇得，便是好漢子。

巴望，也就是百姓常說的「希望、盼望」。

農民白天盼晚上，因為幹了一天活，只有晚上可以休息一下。初一盼十五，因為月圓之時一家人可以團圓慶祝，小孩子也可以趁著過節改善伙食。農夫盼望一年裡有個好收成，能讓人吃飽穿暖。讀書人盼望三年後能登科，官員盼望六年、九年考核後能夠升遷。父母盼望兒女成龍成鳳，子子孫孫，都在無窮無盡的盼望中過日子。在盼望中勞作，在盼望中休憩，生活就有滋味了。

對於讀書而有志向的士子，自然要努力「為生民立命」，改善百姓的生活。對於窮困潦倒的讀書人，則選擇在艱苦貧困的環境中，堅持自己的人生準則。

古時貧寒士子的精神偶像是顏回，他身居陋巷，生活清苦，「一簞食，一瓢飲」，卻安貧樂道，活得非常自在。他們總拿顏回的處境激勵自己，認為快樂與貧富無關，只和心境有關。

但是，一味學顏回也是不可取的。

宋代學者葉天經認為，顏回身居陋室，不改其樂，確實是安貧樂道。但現在的人要是也說「簞瓢陋巷，我能安之」，就有點可笑了。

顏回是什麼樣的人物呢？有什麼樣的才能呢？他的同學都在各國做官，而他身為孔子最為得意的門生，想要出仕，去諸侯國當個卿相，領受常人不敢想像的俸祿，是易如反掌的。他只是不肯苟且而已，並不是不能。能而不肯，這就是顏回的「賢」。

如今許多人無才無德，本來就是因為沒什麼本事才餓肚子的，也跟著說「安貧」，難道不可笑嗎？顏回家徒四壁，是人家自主的選擇。你家徒四壁，是沒辦法。迫不得已的事，能叫「安」嗎？

葉天經的發言得到了施德操的贊同。施德操說，沒有志氣的人，常常拿安貧樂道愚弄自己。孔子也認為，貧困與卑賤是人們都厭惡的東西，然而，富貴與顯要不以道得之，就寧願不要。

施德操的快樂就是求學和講學，每天研究一個自己不懂、不會的東西，每天進步一點點。這樣的快樂，別人確實想像不到。他認為，倘使因為尋求這樣的快樂而導致了自我的貧窮，那麼貧窮也沒什麼不好的。但如果因為惰慢荒逸，導致一無所為，就不行了。貧寒墮落之人，根本沒什麼「道」，又何來「安貧樂道」呢？頂多算是人窮志短。

施德操是兩宋之交的海寧的名人，身患重病，成為殘障人士。他沒有做官，也沒有結婚，一生坎坷淒涼。在外人看來，他是個活得非常辛苦的人。可是他很快樂，有著超越常人的堅韌不拔的意志。其所著的《北窗炙輠錄》流傳千古，一直有人手抄，至乾隆年間才刊刻發行，成了研究宋代歷史的重要材料。

古時的絕大多數生而平凡的人，也是有道的。

儘管富裕是許多人維繫關係的紐帶，所謂「貧居鬧市無人問，富在深山有遠親」便是如此。窮了，哪怕住在鬧市裡都無人問津；富了，哪怕住在山裡也有人認親。然而，人也分得清虛假與真誠。當曾經富裕的人突然變窮了，靠金錢維繫的脆弱情感就會消失不見，所謂「一貴一賤，交情乃見」、「白馬紅纓彩色新，不是親者強來親。一朝馬死黃金盡，親者如同陌路人」。

恰恰是貧寒時，方能見到人的本心。窮人更注重義氣，注重相互幫持，這既是合作共贏的生存策略，也是高尚的精神追求。

因為這種格局的形成，人們會對不重視信譽、不樂於幫助他人、不善良的人充滿敵意。這也要求人們自身成為守信、助人、善良的人，在這種環境下，哪怕是腹黑的精明人，也要偽裝成一副忠厚坦誠的模樣，除非他僅靠自己一人也能過得很好。

窮人的巴望是現實的，也是最有行動力的。光腳人不怕穿鞋人，當生活已經不可能更差，便有無限可期待的東西。最重要的是，窮人永遠享有掀桌子的權利。

子貢的學生田子方說：「富貴者哪能傲慢呢？富貴兼有國家者不能傲慢，國君傲慢則失國，大夫傲慢則失家。我們窮人有什麼可失的？言不用，行不合，大不了提上鞋子一走了之，有什麼不能傲慢的？」

富人擅長製造邊界，多數都脫離了普通人的生活，只能和一小部分人成為朋友，一時不知道圍上來的朋友究竟是看中了他的什麼。他們的子孫也以為能有這樣的生活，全是靠自己的努力，侃侃而談的內容全是錯的。

中產階級則一直處於嚴重的焦慮狀態，非常擅長製造焦慮。比上不足，所以懊惱；比下有餘，卻從來都在忽略這一點。自我以下階級分明，自我以上人人平等。受欺辱後，沒有砸鍋的勇氣，只因為一點保障而永遠被人拿捏。

窮人則不同。窮人既然獲得的是差的開局，就有無限變好的可能，窮人的逆襲全靠自己。人生的精彩，就在於擁有無限可能。可以安貧樂道，也可以不安於貧窮。可以流連野趣，也可以步步登高。窮人的期望很多，也很強烈，逆境中不服輸，就是永遠的主角。一旦無論如何都無法使生活變好，窮人也有掀桌子的權利與魄力。

無產者失去的只是鎖鏈，得到的將是整個世界。

12 古人的心態在大饑荒時會發生怎樣的變化？

歷史上，每十年裡就有兩到五個荒年，其中又有一年特別嚴重。而且災荒總是成堆出現，分布並不均勻，讓老百姓很難有儲備糧食的時間。

之前網路上曾掀起幾次大討論，網友們困惑古代鬧災的時候，為什麼人不吃河裡的魚。許多回答都說，那是人們對魚類的禁忌和當地風俗導致的。這其實是大錯特錯的。因為古代絕大多數的災荒都是大旱導致的，而旱災出現三個月，就會使河道見底，沒有水也就沒有魚。

明代末期，從萬曆末年開始，黃河中上游就開始持續乾旱，黃河水乾見底，莊稼絕收。但百姓總有點存糧，類似於現在有人囤積物資。可是兩年以後，情況依然不見好轉，人們才紛紛挖草根、啃樹皮。

崇禎年間，五省大旱，陝北顆粒無收。不僅黃河乾了，其他河也全乾了。山西的汾河、澮河、漳河宣告枯竭，河北的白洋澱見底。河南洛水還好一點，但最深的地方也不過一尺。

二〇二二年春天，山東出現了三個月的亢旱。農民種的糧食因為水利完善而沒有什麼損失，但草木就不是這樣了。初春長出來的荒草幾乎全部萎黃，泥土化為齏粉，蚊蟲也沒有滋生的條件。麥收過後，雨水紛至遝來，蚊蟲有了滋生的條件，卻還是很少。三個月的乾旱尚且如此，就不要說持續三年的乾旱了。幾個月的乾旱，對古人來說也是小災，是大饑荒溫和的前奏。

清代末年的丁戊奇荒，名稱是以旱災最為嚴重的丁丑年（一八七七年）和戊寅年（一八七八年）的天干組成的，實屬兩百年未有的奇災，波及了山東、山西、河南、陝西、直隸、蘇北、皖北、隴東、川北等地區，造成了一千多萬人死亡，兩千多萬人逃難。

說是一八七七年才開始，其實在頭一年就有了端倪。那時的災荒還沒有如此嚴重，可是地也已經乾透了。糧食歉收，吃光了儲備的人們開始揭樹皮、挖草根，有的開始吃土。這些東西很多其實都不能吃，如觀音土（高嶺土）的功能與現在的蒙脫石散（註：一種用於治療腹瀉的藥物）類似，會造成嚴重的排便困難，吃久了就在肚子裡形成石塊，人會被活活脹死。可是，對當時的人來說，能有得吃就不錯了。

到了光緒三年（一八七七年），還是滴雨未下，有人開始準備逃難。但所謂逃難，基本上等於妻離子散，等於放棄家庭中弱小的生命。凡是落單者，幾乎無一倖免。因為許多結伴而行的流民，專門等在破廟裡宰殺落單客。

外出逃荒的路上是非常危險的，如果沒有族群集體行動作為保障，幾乎等於白白送死。有哪個人掉隊了，等待他的，就是成為別人的刀下鬼。歷來所謂的「人相食」，就是這個樣子的。

中國古代是熟人社會，村子中的住戶多少都沾親帶故。大饑荒的時候就有兩種情形。一是近親、好友在路上相遇，相互之間根本不搭理。「道路之間，知交遇知交，過而不答」，親友相遇，快步走過，誰也別和誰說話，是為了避免發生打殺，其實已經是最理性的做法了。二是「遇不相識者」，那麼一定會開始爭鬥。史料記載，凡生人相遇，「皆戰，而弱者遭毒手」。總之要打架鬥狠，打不過別人的，就會成為食物。

這時候，即便是相鄰很近的兩個村莊，人們也不敢隨意前往。晚上獨身出村更是天大的禁忌，「朝時夕時單身疇敢出門，人臠其肉」。但凡敢一個人外出，結果必然是被外村人吃掉。

可知，饑荒時，人們首先把所有能吃的食物都吃了，隨後才開始吃草木，再開始吃陌生人，最後是家人。到了一八七七年的冬天，沒有逃跑的人們全然沒了平日裡的道德約束。法律也是沒用的，因為極端情況下沒有人會執行。

死人一多，隨之而來的是瘟疫，這種瘟疫死亡率極高。各地因為瘟疫而死的人與餓死的人數相等，「餓死者半，病死者半，十去九而僅存一」。丁戊奇荒後，蒿峪大廟統計活脫之人，東南十存其一，西北十存其二，城關十存其半。全村七百多人，只有三十七人活了下來。其他各村各地，皆是如此。如白桑鄉一千八百多人，只有一百二十多人活了下來。

現代人相信有「人吃人」的現象，但不敢相信這種情況會如此普遍，也常說自己無論在什麼情況下絕不會這樣做。

事實上，古人也不願意這樣做，但是，沒有遭遇這樣的危機，就無法驗證屆時到底會怎麼做。如此惡劣的條件下，人都只是依靠本能活著。有良心的統治者自然會盡量補救；以拯救黎民為己任的賢達，也會做些力所能及的事。

明永樂年間的植物學家朱橚（朱元璋第五子）主持編纂了《救荒本草》，用於災荒初期。人們可以依此辨識可食用的本草植物，太平時節，縣令都要將這一類的知識編成朗朗上口的歌謠，讓人傳唱。法律層面，朝廷必須推出救荒的措施，免去受災地區的錢糧，命令官員鼓勵鄉紳開棚施粥。

不過，政策是由人實施的。各地官員有謊報災情的時候，皇帝也就未必相信此時必然有災，一旦懷疑，就不加以撫恤。加上官僚系統總是周轉失靈，本就不多的賑災錢糧，十有八九都被層層貪墨（貪汙），糧倉裡到底還有沒有本該有的存糧都說不準。面對特大災荒，那一點下撥的粥米，可以說是杯水車薪。

我們生活在科技發達、糧食充足的時代，似乎沒有大饑荒的可能。有些人甚至認為沒有必要設置耕地紅線，因為糧食完全可以透過國際自由貿易來獲取。但國與國之間的貿易果真「自由」嗎？八面玲瓏，小國寡民者，當然可以如此操作。但對大國來說，這麼做就是在玩火自焚。

二十一世紀的頭二十年，人們普遍樂觀，瞧不起非要在床底下放著幾罐糧食的老人，覺得他們迂腐可笑，沒有必要。為民的政策，高效廉潔的系統，不可變動的耕地紅線，暢通的物流，才是眾人的依託。我們必須銘記歷史，從歷史中吸取足夠的教訓，才能讓世界變得更加美好。

13
古人大多會選擇怎樣的人生道路？

受到歷史資料和電視劇的影響，人們總是不自覺地將自己代入公子王孫、封疆大吏的視角，去觀察古代社會，即便低調一點，也至少是巡撫、知府，根本不把小小縣令放在眼裡。

但我們很清楚地知道，古代絕大多數人並沒有這樣的身分。就連史料中很不起眼的侯門奴僕，黃衣太監，也不是普通人可以接近的。他們的人生，並非多數人的人生。

中國古代絕大多數的普通人，究竟會選擇怎樣的人生呢？一般來講，普通人是沒有選擇的。

多數人只能在時代裡隨波逐流。所謂「英雄造時勢，時勢造英雄」，在風起雲湧的時代，一些人會誤把時代的紅利當成自己的努力，等局面有變，才明白「時來天地皆同力，運去英雄不自由」。頂天立地的大英雄當然能造時勢，但對絕大多數人來說，更多是在順從時代的發展，甚至對於多數名人來說也是如此。

明代中期以前，城鎮經濟並不發達，城市裡沒有什麼很好的工作。販夫走卒，至多可以賺點辛苦錢。此時，十分之九的人口都在從事農業生產。

明代實施的是嚴格的戶籍制度，有一種叫黃冊的檔案，登記著各家各戶戶主及成員的姓名、年齡、丁口、田宅、資產，並且特意將人的戶口類型分為民戶、軍戶、匠戶三大類，還有一個灶戶。其中民戶最多，包括農戶與儒戶等群體，約占人口的七成。軍戶則次之，主要在衛所屯田種地，只有少部分參與訓練，承擔防務。開支及裝備幾乎都要由自己承擔，這種人占人口的兩成以上。而以手工業為主的匠戶，其實只有人口的三%左右。

戶籍制度是明代的穩壓器，與之對應的是人們脫離原有身分的困難。一旦你的戶籍類型被劃定為某一類別，子孫後代就全都是這一類。子承父業，不可以改動。就算是高官大員，想要改變既定的出身也是非常困難的。

科舉是為數不多的改命途徑。不過，科舉的錄取名額是定好了的，只有極少數學子能衝破重圍。科舉考試成功，也不意味著能甩掉原有的身分。法律規定，只有官至六部尚書，成為朝廷的二品大員，才能改換門籍。也就是說，你一生下來是什麼身分，到老就是什麼身分。軍戶和民戶當然可以參加科舉，但想要更換戶籍，基本上門兒都沒有。

其他朝代即便沒有如此嚴格的戶籍限制，但想要改變出身也是非常難的。絕大多數人從生下來就當農民，從事繁重的體力勞動。

當年不比現在，沒有現代化的機械，農業生產是非常辛苦的。我年少時參與過薅草（拔雜草）、摘桑葉、揚場等極輕體力勞動，如今當外送員比做這些活輕鬆好幾倍，更不要說收入，後者要比前者高十倍。

與辛苦極不相稱的，是農業勞動所帶來的微薄收入及高昂的代價。在代價方面，譬如墾耕，很多人想當然地認為可以利用牛馬。但實際上，牛馬是非常貴重的役用動物，多數農戶根本買不起，時常要好幾戶共買一頭。因此，古籍《九章算術》上才有「七家共買牛」的算術題。牲畜共有的過程並不愉快，多數農戶仍然選擇自己做。這樣的話，就只好憑人力勞作，結果就是累個半死。

「秋耕欲深，夏耕欲淺，秋耕防青為上」、「耕不深則地不熟，轉不淺則動生土」，除了這樣的勞動外，還有耙勞、播種、鋤治、糞壤、灌溉、勸助、收穫、蓄積幾個大項，以及幾十個小項的工作。從春耕到秋收，農民們多數時間都在耗費體力。

人們通常依據自然條件自動調整作息。農民一般早上天剛亮就起來幹活，尤其是夏季的時候，因為要黎明起床，所以他們並不吃早飯，有也只是吃兩口就出去幹活，一直做到日上三竿。到了八、九點鐘，太陽開始毒的時候，他們就回家吃飯。到了午休時間，他們多半要抽空在室內幹點別的活。下午陽光不毒的時候，他們又要出發，從三、四點鐘一直做到日落西山。

農忙時休息的時間更短，農民往往要連日奮戰，夜裡也要繼續幹活兒。在清代，農忙自農曆的四月初一開始，一直到七月三十日為止。衙門除了謀反、人命、貪贓枉法等重大案件，一切普通事件概不受理。其實這是從漢元帝時即有的規定，是為了防止一些小吏專門挑農忙的時候找農民的麻煩。這幫官吏喜歡「覆案小罪，徵召證案，興不急之事」，比如發生口角，他偏趁你搶收麥子的時候讓你上堂，導致農戶當年破產。想不破產，就得拿錢賄賂他們，讓他們別找自己的麻煩。

農忙這四個月是農民最辛勞的時候，其餘是農閒時間，卻也只是「農閒」，人並不閒。農民往往還要出夫，從事朝廷下派、官府指定的苦役。徭役分正役、運役、兵役等。刨坑、運土、伐木、扛梁、搬磚、修壩，都在正役之中。具體休息時間不一定，如果工期催得很緊，是無法休息的，極端情況下能把人累死。所謂「運役」，就是運送官方轉運的糧食、貨物。其餘尚有燒炭等苦役，沒有一絲所得。

不想承擔徭役的人，可以拿錢糧折抵，這又給農民造成了新負擔。徭役是沒有收入的，而幹農活的收入，又只能夠維持基本的溫飽。為了多賺點錢，人們就先應自己的役，再幫富戶應役，賺點外快。

這些農民不是沒有做點買賣的想法，但市場上其實沒有需求。當時普遍的消耗品主要是草鞋一類的東西，因此多數農民都會織草鞋。劉備與母親曾「織席販履」，在家編製草鞋、涼席，拿到市集上去賣。而肥皂（皂角做的）、牙刷子（即牙刷）這一類的小商品，宋代以前就有了，也是有人買的。但這種「高級商品」銷量不佳，因為多數人根本沒有可支配的餘錢，像這種價格較貴的東西，是很難賣出去的。由於錢並不在多數人手裡，社會經濟進一步萎靡。

明清時期，布鞋的價格通常在十幾文到幾十文不等。靴子的價格則是數百文、上千文。草鞋的價格就很親民了，才幾文。不要以為人們願意花幾文錢買新草鞋，其實最受歡迎的是破布鞋，富人穿破不要的，被他們的家奴拿出去賣，也就幾文、十幾文錢，穿起來比草鞋舒服。

農民的衣服上總是打滿補丁，日常飲食也很不豐富。雖然古代的飲食五花八門，宋代以後，鐵鍋技術大發展，又為炒菜技藝的突破提供了無限可能，但這都僅限於富貴人家。普通人確實很少吃到白麵，只能吃些粗糧，包括豆粕、薯類、高粱等，不敢說每天都是如此，因為有時候還得吃糠，有時甚至連糠都沒得吃。一些苛捐雜稅搜刮得厲害的朝代，農民在收穫季節，往往忙著收草籽而不去收糧食，因為即便收了糧食，也會被朝廷搜刮走，最終還是只能吃草籽。

肉當然是吃不到的，除非過年。至於調味品，多數只有萬味之祖：食鹽。但古代鹽鐵壟斷，官鹽非常貴。在一些不產鹽的地區，如古代的貴州，鹽的價格十分昂貴，一斤要花掉一個工人一天的工錢。沿海省分的人們會找鹽販子買私鹽，私鹽價格低很多，卻也是暴利，不少亡命之徒都是鹽販子出身。普通人家把來之不易的鹽溶解在水裡，泡小石子，實在是饞了，就用煮熟的菜葉沾一下石子吃。

農民是重體力勞動者，平時飯量極大。但人光吃飯是不行的，還必須吃鹽，否則幹活沒有力氣，手腳都是軟的。菜又不夠，家家戶戶便醃鹹菜。配著鹹菜吃乾糧，喝粥，就是普通人的日常。

種地的實際負擔，一般要上交至少一半的收成。如果失了地，租別人的地，還要承擔地租。封建帝國中後期，普通人收入的五分之三，甚至四分之三都要交出去。遇到荒年，租金、負債不予減免，他們只好先欠著，成為負收入者。最終，農民不得已賣掉賴以生存的土地，成為盛世流民。為了活下去，他們紛紛湧向城市。

這種丟掉了本業、本分的人，卻被統治者稱為「遊手趁食者」。在明代，大略從正德年間，流民就開始多起來，清代卻是從始至終流民氾濫，叫花子極多。

有十分之二、三的農民徹底脫離了土地，逃到城裡遊食。以前城裡養不起那麼多流民，後來有了那麼一點希望。那時候資本主義萌芽，工廠手工業大量招人。農民得以從事手工業，靠工資補貼生活。他們實際上當工人，但戶口卻是農民，舊的規定已經不能滿足新的要求。

古代雖然有養老金，但也只是針對官員的。市民沒有養老金，農民就更不必說了。由於沒有養老金，只能寄希望於養兒防老，多生兒子，使家裡多出勞動力，多一點養老的保障，成為人們的普遍選擇。

基本上男人活到了五、六十歲，就可以養老了。如果有幸組建了家庭，此時應當抱了兩個孫子。知道家裡的田產、房產不會被其他族人搶走，妻子也不會沒住處，所以頗感欣慰。

設想一下，大清早，兒媳前來請安，為你端尿壺，煮茶水，下灶做飯；兒子們已經外出幹活了，活很多，一時做不完，決定繼續做；你囑咐妻子、兒媳婦，到時候提著籃子，給兒子送飯。但是，到了農忙，你還是得自己動手做。當然妻子也不容易，拉拔孩子、織布納履，天天受氣，熬成婆了，對兒媳婦卻沒好氣。

回首往事，古代的普通農民這輩子除了幹活，還是幹活。能頤養天年的畢竟是少數人，古代免除徭役的年齡，就是村民普遍的死亡年齡，這一點卡得還是比較準的。這時候，病痛很快就來了。兒孫在床前伺候，也就是一、兩年的工夫，老人便撒手西去。

古代絕大多數人的一生，就是這樣度過的。

14 為什麼古人認為「好男不當兵」？

古語云：「好鐵不打釘，好男不當兵。」演義小說中，人們也常說：「我們堂堂好男子，卻情願去當兵嗎？」

在古代，當兵並不是一件光榮的事。這與現今人要當兵保家衛國的思想大相徑庭，甚至可以說是完全相反，這是為什麼呢？

這是因為，歷史上的「兵」與「賊」往往可以相互轉換，即便官兵也是如此。「賊」與「兵」的界限沒有那麼明顯，所謂「賊過如篦，兵過如洗」，兵與賊都會在戰役後敲詐勒索，燒殺搶掠，過程中還常常伴隨著血腥的屠戮。

屠城並非單純嗜血，一些有組織的軍隊在破城之後，就會對該城組織搶掠，兵員幾乎全都參與其中。屠城者以勒索為目的，以生命威脅為手段，每個隊伍負責一片區域，堵截、破門，索要錢財。他們並不需要找到百姓藏錢的地方，那樣效率太低，只需要執行「沒錢就不留命」的總方針即可。幾輪下來，百姓都會被搜刮得精光，再搜刮便沒有了，因此喪命。「兵過如洗」就是這個意思，洗衣服要搓好幾遍，洗劫也要過好幾遍。

古代一些較正規的部隊，也會明吃暗搶。軍隊駐紮某地，都要號舍。所謂「號舍」，是將鎮上、村裡、城市中每家每戶的房舍摸排清楚，然後將士兵分配下去，每幾個士兵住在某一家。住進某家的士兵的吃喝用度，都要由房主供應，許多兵藉此訛詐房主。

明末，史可法督鎮揚州。明軍在揚州號舍，士兵入住民戶家裡，行為就非常不檢點。市民王秀楚家中「有二卒，左右鄰舍亦然」，這些兵卒「踐踏無所不至」，好端端的把屋主的東西搞壞，胡吃海喝，拍桌子、砸板凳，粗魯喧嘩，聲音駭人。王秀楚一天要供他們一千多文。王秀楚是秀才，家裡也不算窮，但也經不住這樣消耗，只好和鄰居商量，請這片區域的長官吃席，說了許多好話，讓當兵的收斂一點。

官軍如此，作為敵方的清軍更過分，可以說毫無人性。城破之後，多鐸部對揚州展開了為期十天的大屠殺。一開始有點錢還好，但很快市民就沒錢了，開始積屍如山。十天後「封刀」，揚州血流成河。當時的揚州已經完成了加蓋，城中套城，是世界上人口最多的城市之一。加上之前逃難進城的，據時人統計，死了八十多萬人，史稱「揚州十日」。

像這樣的「兵」，老百姓喜歡得起來嗎？自然是不喜歡的。因此，當有一支戰鬥力極強，又愛民、護民的部隊到來，百姓的心裡就別提有多高興了。《宋史》記載，岳飛的部隊軍紀嚴明，秋毫無犯。軍號「凍死不折屋，餓死不虜掠」，所過之處，百姓簞食壺漿，以迎王師。

岳家軍的軍紀嚴明到什麼程度？有一個士兵違反了規定，向百姓要了一根麻繩綁笤帚，由於事先強調過絕對不許拿老百姓的東西，這個士兵就被處斬了。岳飛的部隊進城，全都睡在大街上。市民心疼，開門硬要請他們進屋休息，也沒有一個兵敢進去。這樣的軍隊其實不常見，卻並非絕無僅有。

太平天國的軍紀就到了非常嚴苛的程度，當時英國人呤唎（Augustus Frederick Lindley）親歷清廷與太平天國統轄的兩地，他感慨地寫道：「我第一次會見真正生氣勃勃的太平軍，就給我留下了非常良好的印象。」[1]「我在蘇州城門口和經過的幾個村口，看到懸掛著一些人頭，旁邊貼有告示，指出這些人都是太平軍的士兵，因為搶劫民財，吸食鴉片，擄掠民女，而被（太平天國）斬首示眾。」[2]「在三里橋一代的村莊，我特別注意到太平軍的紀律嚴明，無論買什麼都照價錢付款。」[3]

令他驚奇的是，在太平天國的轄區，經濟良好，普通百姓明顯富裕，清廷轄區內那種隨處可見的乞丐居然消失了。

清廷官軍則是另一種形態，他們燒殺擄掠，無所不至，經常焚毀整座村莊，強搶、打人，更不在話下。

當兵等於當痞子，等於大肆擄掠，這是百姓鄙視從軍的原因之一，但最重要的還是打仗的死亡率太高。隨著戰爭的展開，青壯勞力在戰場上大批死亡，拉壯丁的便到村裡搜刮十多歲的小孩以及超過五十六歲的老人，讓他們也上戰場。

唐天寶十四年（七五五年），安史之亂爆發。這場曠日持久的特大戰爭，折損了唐朝大量人口。戰爭在北方打響，波及了南方。北方人死亡、逃難，多數地方連一個年輕人都看不到，留下的只有老弱病殘。然而，老弱病殘也不可避免地受到戰爭的傷害。

乾元二年（七五九年），四十八歲的杜甫路過石壕村，親眼看見了官吏在晚上抓人的事情。

石壕村位於河南最西的陝縣（今陝州）山溝。官吏之所以晚上抓人，是有講究的。因為不管是屠城，還是襲擾，通常都在白天進行，晚上抓人的效率很低。因此，人都學精了，在白天跑到山溝裡躲避，晚上回家睡覺。揚州屠城時，王秀楚一家就是這樣，他們白天去墳地裡裝死，晚上回家吃飯。

由於白天抓不到人，官吏不得已才選在晚上抓人，只需要遠遠地觀望，看見誰家有一絲光影，便悄悄地靠近。這不就把老翁堵在家裡了嗎？

為了保命，老翁「逾牆走」，翻牆便跑。本來以為軍隊不抓女人，誰知道當差的不好交差，非要他家出人，逼迫甚急。他們家三個兒子，剛剛戰死兩個。老大的家書來了，他們才剛知道這回事。家裡目前只有一個尚在襁褓中的小孫子，一個兒媳婦，需要哺乳。她連件像樣的衣服都沒有，穿得就像個乞丐。

老太婆說：「雖然我沒什麼力氣，可是還能做飯。不如就讓我去吧，還能趕上做早餐。」她說完，就開始哭。過了一會兒，哭聲沒有了，原來老婦被抓走了。

第二天，杜甫辭別的時候，只剩下跑回來的老翁。

老婦到河陽應役，其實是去了郭子儀的部隊。所謂「急應」，並非誇張。這個村子距離河陽一百多里地，想要在一夜之間到達，必須邊走邊跑。老太太就是跑步前進的。

由於玄宗在天寶年間的奢靡，以及執政上的重大過失，老百姓就要承擔這樣的代價，怎能不令人憤慨呢？老婦人流眼淚，是提前祭奠自己，她知道應這樣的「役」等於送死。

杜甫這個過路人，之所以比老翁年紀輕很多卻不必入伍，是因為他是個「士」，這從穿著上就可以看出來。他被貶到華州做司功參軍，沿路住宿民家，得以旁觀這一切，卻在抓丁的過程中說不上話。

與普通百姓被送去當炮灰不同的是，許多地方豪猾及其家裡的男丁，都可以不入伍。他們有的用金錢雇用別人頂替，有的按規定，本身就不必承擔兵役。有的則與官吏熟識，合夥把兵役派給別人，比方說隨便抓個叫花子，亂寫名字。

普通富戶則喜歡出錢雇人頂替，雇人的價格是非常昂貴的。民國初年，許多人買鄉勇冒充自己，價格通常為兩百到三百銀圓，在死人太多、戰況慘烈的情況下，能要到一千五百銀圓。這個價格是現今中等人家承擔不起的，等於傾家蕩產收買亡命。男兒外出當兵，等於亡命之徒。

以上種種弊端，自然讓古人有了「好男不當兵」的觀念。

參軍光榮，是二十世紀中期才形成的觀念。

從現實角度來說，當兵可以報國，可以實現人生理想。入伍發不了財，但養家糊口綽綽有餘，退伍後也有較好的出路和待遇，使當兵再無後顧之憂。參軍，既可以滿足人們的精神需求，也可以滿足物質上的需求。軍人這一職業，也就被徹底認可了。

事實的改變，引起觀念的改變。觀念的改變，使人身體力行。「兵」，也就從一個令人厭惡、恐懼的字，變得令人心安了。

1、（英）吟唎著，王維周譯，《太平天國革命親歷記》，中華書局，一九六一年，第四十七頁。
2、同前，第五十七頁。
3、同前，第五十八頁。

15
為什麼古人會越窮越生？

梁啟超先生曾對中國古代「多子多福」的觀念進行了批判。他認為，中國的民俗，通常要求一個人負荷十幾口人的生活責任，所以所得的糧食總是不夠。人沒有養活妻子兒女的能力就隨便結婚，於是牽累了別人。

不光如此，古語也有云：「貧者恆多子。」現實中，窮人家總是生很多孩子。這並不是生理上的不同導致的，而是因為窮人結婚太早。因此，梁啟超解釋，年輕男女相處太久，沒有別的事可做，「而惟以製造小兒為業」。孩子越多，人就越窮；人越窮，孩子就越多，形成了惡性循環。

窮人生子，有時候是不得已的。

當時的民間確實沒有很好的避孕措施，不管窮人，還是富戶，只要結了婚，都是一樣的下場，都會生到生不動為止。普通家庭通常都有六、七個孩子，而梁啟超先生也有九個兒女。

古時的避孕措施，並沒有傳說中那麼邪乎，什麼麝香、尿脬、羊腸、魚鰾，這樣的東西，多數古人是不用的。有的是用不起，如麝香；有的則是很麻煩且不堪大用，如羊腸。用「使人無子」的藥物來避孕者也是少數，這種藥多半是涼性的，會導致嚴重的腹瀉，更有甚者會使女人手腳常年冰涼、腹部冷痛，對身體的傷害很大，通常為妓女所用。

古人避孕，其實多採取「中斷交接」法。

但這種避孕的辦法有失敗的可能，即便只有一成得中，也經不住一再的試驗。如避孕失敗，那麼就會迎來下一個孩子。而迎接這個孩子的，不知是怎樣一個世界。

太平年間，許多家庭多少還能有點盈餘。鄉裡，為了占據及守護產業，很多時候要用拳頭說話。加之產業總是按照丁口多寡進行分配，直接鼓勵了人口出生，尤其是男丁出生。

在古時，男丁基本上都會留在父母身邊養老，女兒則要外嫁別姓，所以人們更願意生子而不願意生女。但是，這種情況在戰爭年代卻是反過來的，「信知生男惡，反是生女好。生女猶得嫁比鄰，生男埋沒隨百草」。

戰爭結束後，國家通常會迎來洶湧的嬰兒潮。戰後人口，十不存一，土地成了無主之地。除去那些被鐵騎圈走的地，大量的農田需要由倖存者耕種。朝廷為了休養生息，會頒布一系列的免稅政策和輕徭薄賦的法令，以鼓勵人們生產。此時，人們若能占有越多的土地，就越有可能在未來成為富庶之家。

元末戰爭，山西受的影響最小。相反地，山東大部分人口則因為戰爭而消失了。到了洪武年間，朝廷將山西人口移到山東等地。但不久後的靖難之役，山東中西部又成了燕軍與官軍廝殺的戰場，人又死光了。所以，繼洪武大移民後，又有個永樂大移民。

安定下來的人們，生育意願非常高，同樣的現象在漢初、唐初、宋初、清初都有。人們不必考慮空間和資源占有的問題，因為生得越多，反而占有得越多。

男丁是田間的主要勞動力，多年形成的習慣以及對於現實的考慮，使人們產生重男輕女的思想。其終極形式便是「溺女」，深為有識之士所痛恨。

南宋嘉定年間，福州人林光裔在寧都當知縣，「邑俗多溺女」。這裡的人們生下女孩根本不養，直接將其溺死。林光裔便專門存下一倉庫的糧食，取名「舉子倉」，把自己的俸祿拿出來作為「舉子錢」，好讓百姓「生女亦舉」。舉，就是養活的意思。凡貧民中生了女孩的，鄰里前來告知，就獎勵糧食。同時下發糧食和錢財給生女孩的家庭，作為生了女孩的獎勵。每過一個月，要將女孩抱到官府，當庭檢驗。核驗後每月發三斗米，直至一週歲為止。

這個舉措救了無數女孩的性命。但也證明當時人生女不舉，實際上只是出於利益的考量，泯滅了人倫。

倘使生孩子有得賺，人們就狠狠地生。相反地，如果生孩子賠本，人們就選擇不生或生下來也不養。

漢武帝時，朝廷征伐四方，重賦於民。民戶家的小孩從三歲就開始算口錢（針對未成年的人頭稅，不分男女，都要繳納），每年徵收二十三文。長到十四歲就開始和成年人一樣收算賦。算賦，是針對成年人的人頭稅，這個錢要從十四歲一直徵收到五十六歲，每年一百二十文，也不分男女。這個年齡的設計，是因為古時人們以《黃帝內經》男八女七的理論來分割歲數，認為女子二七（十四歲）成熟，七七（四十九歲）是絕經節點；而男子二八（十六歲）成熟，七八（五十六歲）是年老節點，不過，有時候朝廷會按八八（六十四歲）計算。

如此，家裡每增添一個孩子，就要多負擔幾十文、上百文的人頭稅。如果只是這樣，事情還算好辦。問題是歷朝歷代，基層都會層層加派。由於朝廷有了這樣的規定，各地也就有了加徵的依據。很多地方，不管法律規定的口錢是從三歲起徵，還是從七歲起徵，一律從出生算起。連起徵年齡都可以改變，實際徵收的費用也就可想而知了。正稅以外，還有加派和攤派，各級都要靠這些加派發餉與貪墨，而所有費用也都「有法可依」，因此一律按人頭去徵。

徭役由男丁承擔，原本男子二十三歲才開始服役，很多地方提前到了二十歲，甚至十五歲。當然不服役也可以，只是需要按每月兩千文的價格繳費，或者直接花錢雇用別人去。

由此，漢武帝時期，家庭每增添一個男丁，就等於背上一倍沉重的負擔。所以人們往往「生子輒殺」，溺斃新生男嬰，而不溺斃女嬰。同時，朝廷為了滋生人口，規定了女子必須結婚的義務。女子成熟，也就是到虛歲十五就要嫁人。如果到了這個年齡還不結婚，則要依次承擔多倍的算賦。譬如，女子滿十五歲的頭一年不嫁出去，家裡就多承擔一倍的人頭稅，過了兩年還不嫁，就再加一倍，直至三十歲，人頭稅最高可以增加到五倍。

生育事關重大，不僅是「傳宗接代」那麼簡單，實質上影響的是家庭未來的生活品質。至此，我們應當理解，所謂的「越窮越生，越生越窮」，抑或是「生了不養」，是人們出於利益的考量。在中產階級眼裡，窮人多生是愚昧，但對貧民來說卻並非如此。

古人的策略，對當今社會也是一個映照。人們權衡利弊，自求福田，婚與不婚，生與不生，又與誰在一起，都是個人的自由。社會環境和生存環境，塑造了人們的觀念，隨著環境的變化，觀念也會隨之變化。至於人們到底如何才會多生，答案就是：當多生變得更划算的時候。

16

古代達人遇見小人會怎麼辨？

法律與道德，八成是為小人制定的。具體如何防小人，古人早有勸告：「遇沉沉不語之士，切莫輸心；見悻悻自好之徒，應須防口。」意思是面對沉默寡言的人，一定不要掏心掏肺地交流；見到固執己見的人，也一定要管住自己的嘴巴。

沉沉不語的不一定就是壞人，但沉沉不語，不言而笑，則必然內藏玄機。當你掏心掏肺地跟他講話，他卻沉默不語，抑或不言而笑，要麼他本身就不願意與你交流，要麼就是在暗自嘲諷。最為可怕的，則是悻悻自好者，有時候，他們說話很好聽，但沉默時表情非常古怪。

秦檜就是這種人。

他是個很精明俐落的人，年輕時從事「鄙業」，會修理家具、置辦貨物，基本勞動者會幹的活兒，他都會幹，因此一些士人有點瞧不起他。但他眼裡有光，說話非常中聽，與他交往的人，無不開心快樂。

但是，他的沉默與微笑，對當時的人們來說簡直就是陰森的地獄。沒事的時候，秦檜的腮幫總是呈現出咀嚼的狀態，彷彿馬在嚼草，人謂之「馬啖」。但凡他開始馬啖，過不了多久就會有倒楣蛋出現。倒楣蛋要麼被貶謫，要麼鋃鐺入獄，有的則被整得家破人亡，妻離子散。

秦檜能害那麼多人，是有原因的。

君子是鬥不過小人的，這是因為與小人交往，往往非常舒適。與君子交往，則總是聽到拂心之言。而且君子高傲，對小人疏於防範，小人卻不同，小人可以為了達成目的而無所不用其極，在害人這件事上腳踏實地，說做就做。故而「小人能去君子、害君子」，君子卻總拿小人沒辦法。

千百年來，無數正人君子被小人陷害，身陷冤獄，皮肉盡毀，家族滅亡。小人得逞享利，而君子不得好死。為此，就算是賢達，也不得不學習一下如何在為民請命、鞠躬盡瘁之餘應對小人的陷害。

最為著名的能夠經歷許多佞臣、小人，而保全名節的人，是唐代的將領郭子儀。

郭子儀軍功赫赫，引起了他人的忌恨以及皇帝的忌憚。權傾一時的宦官魚朝恩，正是抓住皇帝忌憚功臣的心理，栽贓陷害郭子儀。所謂「構人莫過於反」，當一個人戰功赫赫，只要說他想造反就行了，根本用不著什麼扎實的證據。

但郭子儀卻熬死了害人無數的魚朝恩。

皇帝派魚朝恩監軍，但魚朝恩根本不懂作戰，又不許大將自作主張，讓人家執行他的計畫。一通瞎指揮，害得剛剛收復的國土再度淪陷。將士非常憤怒，要求郭子儀把魚朝恩斬首，但郭子儀卻沒有那樣做。他是個非常清醒的人。魚朝恩再怎麼害人，也是皇帝派來的，代表著皇帝的意志。要殺也該由皇帝決定，他一個將領，能殺死皇帝的意志嗎？魚朝恩被調回京城，險些被士兵打死。魚朝恩是被郭子儀放走的，卻還是懷恨在心，要置郭子儀於死地。他便進讒言，讓皇帝在盛怒之下把郭子儀的祖墳給挖了。

朝廷內外，部隊上下，沒有一個人不想殺了魚朝恩的。然而，郭子儀依然選擇隱忍，先把仗打完，等戰爭勝利後，一切謠言便不攻自破了。此時，皇帝覺得對不住郭子儀，讓他隨便提什麼條件。郭子儀卻將功勞全推給皇帝和其他將領，至於祖墳被挖的事，他說自己在外打仗，毀了不知道多少人的祖墳，害死了不知道多少人，這是上天的懲罰。

「宰相肚裡能撐船」，郭子儀的氣量，確實不是一般人能有的。此事過後，朝中官員無不敬佩郭子儀。魚朝恩最終被殺，而在魚朝恩之後，唐代又出現了一個非常著名的奸臣——盧杞。

當時的盧杞只是個普通官員，郭子儀已然是功勳卓著的老人。退休後，他為顯示自己沒有任何篡權奪位之心，便以聲色自娛。這個盧杞確實有才華，但極度敏感自卑。他身材矮小，長相奇醜，臉皮是藍色的（可能是因為有大片胎記），活像一隻老鼠。

盧杞來拜訪郭子儀時，郭子儀趕緊命令所有婢女和歌伎退下，不允許任何人出來，自己單獨接見。他與盧杞談了很久，等盧杞走後，家人好奇地問：「平常接待客人，我們都在場，為什麼來這麼一個人，卻要我們退下？」

郭子儀說：「你們不懂，這個人非常有能力，但是心胸特別狹隘。你們看見他長成那樣，肯定偷偷笑他。笑不要緊，但你們想想，換作你是他，被人這樣恥笑，能不生氣嗎？只不過他當時不說出來而已，內心一定羞惱無比。他若懷恨在心，未來掌握大權時，你我的子孫沒一個能活下來的！」

事情果然不出郭子儀所料。盧杞成為宰相後，就開始了他的神仙操作。皇帝愛聽諫言，他便偽裝成忠臣，一度騙過了所有人。但實際上，他嫉賢妒能，黨同伐異，後來奸臣的跡象慢慢顯現，楊炎、顏真卿、嚴郢、張鎰都是被他害死的。

對下，他也露出了本來的面目，他「極恣兇惡，三軍將校，願食其肉，百辟卿士，嫉之若仇」。三軍將士都想活剝了他，但也都因此遭到清算。唯有郭子儀全家，非但沒有被害，反而受到盧杞格外的禮遇。那時郭子儀已經去世好幾年了，庇護不了子孫。若不是他當年一個小小的舉動，後果確實不堪設想。

郭子儀有唾面自乾的覺悟，盧杞也有圖報之心。甚至秦檜也懂得知恩圖報，秦檜專權後，那些曾經在他落魄時給過點滴資助的人，都得到了官位。這就是權奸與普通小人的不同之處，他們之所以能構建往同一處使勁的強力班子，靠的就是公器私用。

對於這種人，唯有等待合適的時機，才能一擊致命。盧杞之死，是因為他又想陷害大將李懷光，終於碰上了硬釘子，失了勢，在澧州死去。

人們有法律規範，也有道德規範，兩者皆出公心，自有公斷。因此，即便是小人也會畏懼公論。歷史上的小人攻擊君子，並不會生搬硬造，而是放大了人們內心的憂慮，以公事為藉口來攻訐他人。

在公事上，郭子儀嚴格地遵守了流程規範。而李懷光沒有遵守流程，或者說沒有注意到皇帝的心理。他口無遮攔，被逼得聯合朱泚反叛，為部將所殺，身首異處。

王陽明曾經遭遇前來發牌的錦衣衛索賄。照一般情形，多少都要給點賄賂才好辦。但王陽明不同，他是個致良知的人，不僅致自己的良知，也要致別人的良知。論公論私，這個錢都不該給。如果是腐儒，必然義正詞嚴地加以拒絕，引發錦衣衛的忌恨。但王陽明不是這麼想的，因為平心而論，人家走這趟差，確實很辛苦，飯錢還是要給的，於是就讓中軍給了他五兩銀子。錦衣衛受賄，不說數千兩，也要上百兩，你給五兩，是在愚弄誰呢？氣得錦衣衛把銀子扔在地上。

結果，第二天錦衣衛緹騎要走的時候，王陽明親自來送，拉著他的手，滿含深情地說：「下官在正德初年，曾坐過錦衣衛的大獄，與貴司的長官和同事都很熟，從來沒見過像您這樣輕財重義的人！昨天拿出那點微薄的意思，只是想著尋常的禮數，卻聽人說您根本就不要。想來想去，我越發慚愧！您所堅持的大義，真的令下官惶恐至極啊！下官沒有別的長處，只會寫一點文章。他日必為您寫一篇表揚遞交上去！讓後世的錦衣衛永遠記住您的名字！」錦衣衛緹騎聽聞此話，無言以對，居然還有點感動。

如果你以為王陽明真的使用了什麼手段，那就錯了。他經過內心掃清汙濁的思考，真真切切地感到慚愧。他又明白錦衣衛的真實想法，卻絕不惡意揣測。一連串堅持大義而又令人迷惑的行為，實則是運用讓錦衣衛相當受用的方法，啟發了他的良知。

小人的良知是扭曲的，卻並非沒有。這就是「良知良能，愚夫愚婦與聖人同」。但為什麼就連普通人都能應變，聖人就不懂應變呢？錦衣衛的那一點心思，王陽明豈能不知？只是身為學者，他還有更重要的事要做——他要去尋找人們內心的光明。

普通小人與權奸有很大區別，他們技巧不足，急功近利，很不耐煩。他們是典型的實用主義者，每件占便宜的事，都要計算需要付出的成本。因此，他們往往要採取極限施壓的策略，有時候僅僅透過短暫的接觸，就能確定對方是否可欺，繼而檢驗對方的承受力，直至檢測結束，判斷自己是否能占到便宜。

清初，清廷對漢民採取的政策，就是依據各處的反抗程度來確定的。起先，農民反抗不激烈，政策就相當苛刻。百姓受不了壓迫，屢次組織大規模反抗，清廷受損相當嚴重，並有傾覆之虞，這才逐漸調整策略，推出一些切實維護農民利益的政策。

古代社會，多的是系統性小人，這是基層法制不健全導致的。古代鄉村更是如此，應對複雜的局面，除了武功，還有文治。武功，當然是指用拳頭說話。家裡的拳頭越多越硬，就越不容易受辱。反過來，可以抱團取利，反壓別人。文治，通常是由家裡的女人負責，主要內容就是罵街，罵街的內容是揭人的短處。譬如負責分地的族長處事不公，家裡男人抹不開面子，就由婦女出馬，站在屋上破口大罵，揭發族長與他小姨子的醜事。再如，鄰里借了錢翻臉不認，她就逢三五九日站在高處，揭發鄰居幹的醜事，從道光二年揭發到道光二十六年。

這種行為雖然很不體面，但確實是很管用的。就連族長、甲首，面對這樣一個有凶悍婦女的家庭，也只能盡量地保持公正，不被她抓住任何把柄，否則自己那點兒事會被廣而告之。由於罵街很管用，也有人因為沒占到便宜而罵街。他們爭取的是自己的非法利益，這就與小人近似了。寡廉鮮恥，自甘下流，認知扭曲，會影響到生活的各個方面，也給家人帶來不幸。

對於悻悻不語、笑臉相迎的小人，熟人社會都有一個共同的認識，那就是敬而遠之。倘使真的狹路相逢，欺負到自己頭上，也就只能靠武功、文治，把人制住。

世上有太多的爭吵，可是，面對真正的欺辱，人總有畏難的情緒。從古到今，小人都在對別人進行壓力測試。對於那些不敢直言，也不敢利用公器，愛好面子的人，就騎在他們頭上凌辱；對那些不好欺負的人，則採取相安無事的策略。

現代社會，對於小人的欺辱，人們其實有很多上達途徑。面對陷害，要盡可能地保留證據，也應有咬定青山不放鬆的執念，講究方法，動用一切可以動用的資源，爭取自己的正當權益。打得一拳開，免得百拳來。

17 為什麼古人認為只有科舉才是正途？

科舉的登場，實際上是很晚的。

先秦時期，國家選用官員的主要手段是「世卿世祿制」。天子分封的諸侯，要麼是貴戚、功臣，要麼本身是天子的至親，一般都是嫡長子。諸侯國有自己的架構，國君之下，又有卿、大夫、士。諸侯對官員的選用，也是任人唯親。

然而，家族裡的人才並不能滿足統治者治國的要求。所謂「肉食者鄙」，貴族缺乏民間實踐與閱歷，一直待在高牆之內，對現實的認知一代不如一代，很多情況下為政水準確實差勁。因此，選拔民間人才的「鄉舉」，就成為世卿世祿制的一種輔助手段，閃亮登場了。

在民間，人才主要靠長官推薦。但國君也不是傻子，不是下面的人說他有才，他就有才，被推舉的人也是要經過考核的。當時考核的主要內容，正是孔子所說的「六藝」，禮、樂、射、御、書、數，每一項都有相應的評分標準，外加道德、品性的評述。

選定之後，把這些人才填充到政治系統裡面，憑藉他們的聰明才智，讓整個系統流暢地運作。這些民間人才，就是真正「幹活的」。

如果你特別有才能，鄉大夫會將你推薦給諸侯，諸侯又會把你推薦給天子，這就叫「貢」。但天子其實不知道你這個人的品行如何，更不相信諸侯的保證，因為諸侯說不定在耍什麼心眼兒。因此，天子索性不去看你的保證書，只進行一項標準化考核——射箭。

在天子看來，射箭是有鐵一般標準的。中就是中，不中就是不中；準就是準，不準就是不準。與此同時，射箭時的各項禮儀、動作，也能充分反映此人的心態。態度是不是用心，腦子是不是好使，行事是不是會說不會做，一目了然。這就跟考駕照一樣，有一套相對穩定的評價標準。但實際上，這樣的考核與考生治國能力的關係，確實不是很大。

到了漢代，就出現了「察舉制」與「徵辟制」。徵辟制，是由皇帝直接徵用地方上的優秀官員。察舉制，則是由地方長官推薦人才，由國家進行考試。

此時的考試，只是作為察舉的輔助，基本上推薦上去的人選就沒有被退回的。其中道德標兵叫「孝廉」，文藝標兵叫「秀才」。不必問，孝廉必須孝順尊長、廉明正直，秀才必須知書達理、博古通今。這看起來是很好的制度，然而事情是人辦的。只要是人辦的，就有人的因素在裡面。由於能充任官員，從中漁利，推舉人才就變成了有利可圖的大事，滋生腐敗在所難免，導致了讓人哭笑不得的情況：「舉秀才，不知書。舉孝廉，父別居。寒素清白濁如泥，高第良將怯如雞。」

那些推舉出來的秀才，有的連字都不會寫；推舉出來的孝廉，常常打罵親爹。說是「寒素清白」之人，當地人都知道是個地痞流氓，平日裡凌虐百姓，強姦婦女。說是選拔「高第良將」，推出來的將領連炮仗都不敢點。

但在漢代，這樣的人越來越多。也就是說，本來朝廷為優秀的平民子弟打開的上升通道，在帝國中晚期貴族的一再漁利下，幾近關閉了。讓平民子弟平步青雲，來與世家大族爭奪官位，這根本就不可能得到世家大族的支持。所以，由貴族長官所推舉出來的「人才」，只能是世家中的各種二代、三代，所謂自己的官場自己玩。

到了魏晉南北朝時期，就誕生了九品中正制。九品中正制是對察舉制的一種提升，它要求各州推舉大中正一名，為了避免地方操縱，大中正由中央直接控制。

大中正下，又有小中正，在各郡縣任職，這一官職依然是地方推舉，中央審核。由中正官調查及品評民間的人才，分為上上、上中、上下、中上、中中、中下、下上、下中、下下九個等級，每一項都有相對客觀的評分標準，一定程度上杜絕了察舉制似的腐敗滋生。

但是，九品中正制依然是門閥制度下的產物，是有局限性的。當時的社會唯血統論，凡選人才，先看你的出身，再看你的才能。出身貴族，就能被打高分；出身不好，能力再高也會被評為下品。這依然是貴族抱團給別人設置門檻，嚴重地降低了國家本身的戰鬥力。沒遇見什麼事還好，一遇事，貴族集團往往倉皇無措，潰不成軍。在紛亂的時代，唯有不拘一格，選用真正人才的集團才會取得最終的勝利。

最終，真正能選拔出民間人才的制度——科舉制，登場了。科舉考試為唐代以來的中國篩選出了大量的人才，我們目前所知的歷史名人，多半是科舉出身。唐宋八大家中，韓愈、柳宗元、歐陽修、王安石、蘇軾、蘇轍、曾鞏都是進士。蘇洵沒考上進士，但至少還是個舉人。唐代知名詩人中，杜甫是舉人，陳子昂、張九齡、崔顥、劉禹錫、白居易、柳宗元都是進士。王維、賀知章則是狀元。宋代官員中，寇準、包拯、沈括……都是進士。明清更是如此，絕大多數名垂青史者，都是科舉考試的佼佼者。

網路上曾有人拿歷朝狀元不出名的事，論證科舉考試無法篩選出真正的人才。但事實上，狀元只是科舉中一甲三位進士中的頭名而已，也是「進士」之一，並不能說明其水準超越其他人，只是他當時寫的文章被皇帝喜歡。

歷史上的狀元總共才幾百位，其中的名人非常多，只是多數並沒有做到名垂青史，令後人耳熟能詳的地步。實際上，人們熟知的歷史人物也不多，而這些人並不可能都是一甲進士，卻很有可能是二、三甲進士。

開科錄取以來，科舉成了大部分讀書人步入仕途，實現理想的主要手段。

與此同時，科舉考試本身的公平性也受到很大的考驗，因為總是有人試圖衝撞這種公平選拔的制度。

除卻科場舞弊案，科考的題目也受到指摘。出題內容從大範圍變成了相對小的範圍，這是因為朝廷想要把考試標準化。考試答案的寫作，也由相對自由的方式變成了死板的八股文。

起初，唐代有三科，只有進士科受到重視，其餘兩科被人們逐漸忽略。而進士科主要考的就是寫詩作賦，這種詩賦就和現在高考作文一樣。文筆好，當然好，但評價標準與閱卷者的個人喜好有很大的關係。閱卷者並不能保證客觀，選拔的結果就與考試的目的背道而馳了。

因此，人們就設定了一個標準，考知識，考掌握，考生要專意地往詩賦裡加典故，以展現自己的博學。這相當於在高考作文中，考生為了拿高分，拚命地往裡加高階詞彙一樣，導致的結果就是寫作不顧語法，不說人話。然而，這些奇怪的詞彙，竟然讓考生得了高分。唐代的考場詩賦，就有這個毛病。

宋代科舉就開始重視策問。這個策問，有點類似於現代公務員考試中的「申論」，考生必須依據問題說出自己的見解。

到了明清時期，出題內容限定為「四書五經」。這種考試當然禁錮了人們的思想，但也是為了保持相對的公平。

我們應當注意到，幾乎所有全民性質的重大考試，都會經歷起初雜類多途舉進，後來收縮考試範圍，甚至廢掉其他升學途徑的過程。為了公平，國家一定會堵上所有明顯的漏洞，力求保持考試的公平性。明清時期僅限定「四書五經」，就是收縮範圍的舉動。

即便如此，宋代朝廷還是很重視策論的。三場考試，第一場經義，相當於名詞解釋，考查基礎知識，要用八股文寫。第二場考寫作能力。第三場考時務，考生應針對實際問題進行作答。頭一場就會刷掉不少人，三場都過關的是極少數。

在去京城會試之前，人們必須通過童子試，即通過縣試、府試和院試三個考試，脫穎而出，成為秀才，錄取率大約一%。考取秀才，或者捐個名額出來，才有考舉人的資格。秀才考舉人，要去省會參加鄉試，也就是全省範圍的「優秀秀才選拔考試」，大略錄取全省前五十名。成為舉人後，才有資格參加會試，考取進士。三年一場的考核，數千名舉人，大略只有前一百名被錄取。

科考困難重重，故而人們將科舉視作正途，對於那些沒通過考試就做官的人自然是沒好氣的。

魯迅的祖父周介孚便是科舉正途出身，由翰林院外放知縣，俗稱「老虎班」。他脾氣差，愛罵人，非常瞧不起非科舉出身的長官，經常肆意辱罵、歧視他們，被長官教訓了以後，依舊桀驁不馴，到老也不服氣。

其實不通過科舉而做官，相當於有些人不通過考試就成了公務員。你非說他有能力，正經考上的人絕對不會同意。其實人們並不是非要強調「能力」，多數時候，非正途破壞了「公平」的底線，才是人們所不能容忍的。

左宗棠是晚清中興四大名臣，政治家、軍事家，收復新疆的民族英雄，林則徐稱之為絕世之才，能力毋庸置疑。然而，他從考中舉人之後，屢次會試不中，身為大官，卻不是進士，遭到了同僚的鄙視和嘲笑。「不是進士」幾乎成了他的心病，最後朝廷賜了他同進士出身，才算了了他的一樁心願。

進士也有鄙視鏈，一甲最為光榮，二甲比較自豪，三甲十分羞愧。一甲和二甲都叫賜進士及第，三甲則叫賜同進士出身。曾國藩科舉名列三甲第四十二名，賜同進士出身，地位比較尷尬。就跟現在的學生考了個三本似的，雖說也是本科，但在一本學生面前確實有點抬不起頭。*

曾國藩就羞於提及自己的科舉成績，相傳他有個幕友（有人說是左宗棠，實際上不是）非常怕如夫人（小老婆），但又很愛她，經常親自給她端水，為她洗腳。

曾國藩笑話他，出了個上聯：「代如夫人洗腳。」

孰料幕友反應迅速，立即對出了下聯：「賜同進士出身。」你看，又提他的三本學歷！這讓曾國藩非常生氣。

進士不等同於本科，其實連秀才也不等同於本科。科舉選拔出來的「士」，是有政治權力和相應待遇的，本質上能讓家庭實現階級跨越。如此所選出來的人才，也確實都是人才，卻不一定是治國之才，因為考試形式與內容的收縮，雖然確保了公平，卻使讀書人一味追求「考試技巧」，著眼於文筆文字，搖頭晃腦，耽於記誦，對於實用技術、治國之術一竅不通。

清代末年，科舉制度被視作無用的制度廢除了，實際上，只是考試內容出了問題。因此，與科舉選拔制度類似的考試制度，是絕對不可能消失的，一旦一種制度消失，立即會有類似的機制頂上來。而確保考試公平，永遠是新型人才選拔工作的重中之重。

*「一本」是指第一批次錄取的本科大學，大多數是重點大學；「三本」是指第三批次錄取的本科大學，大多數是一些大學自主自辦的二級學院。

18 為什麼喪禮中有那麼多繁文縟節？

中國的舊式喪禮，有非常多的繁文縟節，從老人瀕死，一直到入土為安，都有既定的規則。親人哭天抹淚，披麻戴孝，各自穿著符合遠近親屬法則的服飾，在司儀的指揮下，有序地執行每一項既定的條例。

喪禮歷經數代的簡化，到二十世紀末，依然很煩瑣。而古時的喪禮更是煩瑣到無以復加，在北宋司馬光撰寫的《書儀》中，詳細描述了從家人去世到事後料理的所有流程。後世之人，又對這些流程進行了注解，成為宋代以來喪葬流程標準「說明書」，光是這樣的「說明」，就有將近三萬五千字。

《書儀》中提到，人剛去世時叫「初終」，其中就有許多匪夷所思的規矩。它規定人不能在臥室中過世，要將瀕臨死亡的人移居到正寢（堂屋）。《書儀》還規定了逝者周

「復」是因有靈魂一說。親人拿著死者生前常穿的衣服招搖，希望死者剛剛要飄走的魂靈被自己的衣物吸引過來，也是請其復生的意思，當然算是一種心理安慰，卻也拖延了時間。在這個過程中，剛斷氣的人可能會聽見有人喊自己的名字，真的甦醒過來。

同樣地，「初終」的舉措，也有一定的道理。它要求把將死之人遷居到正堂，是因為正堂寬敞通透；要求人們必須「安靜以俟氣絕」，平靜地等待老人去世，而不是大喊大叫、捶床拍地，或者嘰嘰歪歪地開始哭，甚至安靜地哭也不行，因為這樣會讓將死之人傷心。人在廳堂過世，稱作「壽終正寢」。

後來，喪葬禮儀有諸多變化，有些完全不符合《書儀》中的規範。按照正常程序來講，人們必須在「復」三次後，確定親人真的去世了，才能進入換衣程序。但在一些地方，人們沒等老人死去就著急給他換上壽衣。這可能是老人自己要求的。一切喪禮物品，都提前備下，老人自己也會攢錢買棺材。

煩瑣的葬禮也有很大的壞處，有些人熱衷於追求儀仗的風光，比較浪費的程度。辦喪禮又能收到遠近親朋的帛金，於是有些人更會想著大操大辦。隨著時代發展，華人的喪葬過程已經極大程度地簡化了，人們不必守喪三年，也不必操勞過度，這是社會進步的體現。

然而，因為絕大部分儀式缺失，甚至追思的過程也被省略，人們就難以釋放自己的情懷。喪禮過程講究「哀盡」，指哭泣時必須盡情釋放。要哭一起哭，哭夠了戛然而止，等待下一次的釋放，直至「卒哭」，釋放完所有情緒。這樣的過程是對活人的關懷，也是對死者莫大的安慰。

老人行將就木時，其實特別依戀、懷念這個精彩紛呈的世界，正如喻中教授所言：「這個總會繼續向前的生活世界，拋棄了他們，就像一列熱熱鬧鬧的火車上的某個旅客，被無情地拋下了車。他只能站在荒野之中，無可奈何地望著風風火火、沸騰的列車奔馳而去。」即將逝去的老人往往心有不甘，在孤獨與恐懼中重複地告知自己的親人「我命不久矣」，有的主動請求親人為他舉辦一場熱鬧的喪禮。喪禮的參與者很多，整個喪葬的過程，老人都是最重要的人，可以吸引一切目光，是絕大多數普通人人生中最風光的時刻。

喪禮肯定會很熱鬧，有人哭，也有人笑，這讓彌留之際的老人相信如此煙火氣（塵俗習氣），會在另一個世界延續，可以幫助他的亡靈平安順遂地進入另一個世界。在那個世界，他會牽掛這個世界的人，而在這個世界，也有牽掛他的人。他便不再孤獨，也不再害怕。

如今，婚喪嫁娶提倡節儉，這是對的。人們應該厲行節儉，簡化繁文縟節，淨化社會風氣。按照設想，人們省去了煩瑣的儀式，應當把省下的錢財用於老人未亡之時。但事實上，人們並沒有省下多少錢，因為時下的喪葬過程並不節省，過程也是極為粗暴，極為扭曲的。

歷來死者為大，人們在斂棺、下葬的環節足以盡哀，但如今卻被強迫著掏出等同於古時治喪的錢財，忍受殯儀館、喪葬所肆意的勒索。樹立新風氣的法規被完美地利用了，造成了普通人死不起，親朋無法致哀的局面。

在這樣的時刻，人的心情是憂鬱的。他們不再是悲憫的至親，而是待宰的羔羊，死者就是被綁架的肉票。

人們生活在一個無聲的世界，新生時如此，老去時亦如此。人們的生活大部分與自然無關，也與旁人無涉。但說起來，人們還是要有一些儀式感的。儀式感並不是要我們真的去恢復什麼古舊的禮制，它應該適應新的時代，對人們有應有的人文關懷。

「禮，所以節止生民之侈偽」，禮本身就拒絕比較鋪張程度、貪婪虛偽，也是為了防止人被異化。舉辦喪禮，不應把死者作為人質，將生者視為羔羊；應當恰如其分地釋放人的感情，使人虔誠致哀，不留遺憾。

19 「做老實人」是不是多數古人的人生哲學？

明代著名的抗倭將領戚繼光，在《紀效新書》中詳細論述了兵源的重要性。選兵，第一等可用之人是「鄉野老實之人」。這種人長得黑大粗壯，吃苦耐勞；手、臉、皮、肉都很結實，一眼就能看出是土裡生，土裡長的；訓練之後，作用極大，效率很高。

而第一等不可用之人則是「城市油滑之人」。看面目，光亮潔白；看外形，宛若優伶。這種人不管性情如何，都很惜命，意見又很多，很難培養成一名戰士。

另有一種奸猾巧詐之人，總是神色不定，見了官吏也一副藐視的樣子。倘使選用這種人，就會成為部隊的攪屎棍子（指把好事攪成壞事的人），軍隊就會喪失戰鬥力。

老實人，其實就是本分人。他們通常有固定的職業，以農業和手工業為主，有時候做點小買賣，家裡的錢不多，要省吃儉用地生活。雖然他們的心地不一定很善良，但一定任勞任怨，且不想滋事。然而，這樣的老實人，正是惡人欺侮的對象。

老實人的老實之處，主要在於不知道應當反抗及如何反抗。在他們的眼裡，官府是值得敬畏的，麻煩是要避免的，多一事真的不如少一事。他們不願和別人產生糾紛，出了事也不去打官司。

老實本自天性，所謂「龍生九子，各有不同」，贔屭負重前行，睚眥有仇必報，人人喜歡贔屭，贔屭卻成不了睚眥。數以萬萬計的百姓，本該有各種各樣的個性，但在古時，無論有何種秉性，絕大多數都被貼上「老實」的標籤。

這是有深刻的歷史原因的。

古代統治者對人們三觀（世界觀、人生觀、價值觀）的塑造非常用心，不僅以「忠孝」諭人，還會在實質上塑造「人人都是老實人」的局面。

明代的文人是不老實的，明代有言官制度，文人可以對朝政口誅筆伐，並一度將這種風氣帶到了清初。江南文人普遍對新朝不滿，他們吟詩作對，陰陽怪氣，有的甚至認為腦袋掉了不過是碗口大的一個疤。他們總結起清軍入關後的暴行印刷出版，有的則私修明史，不用清代的年號。

而在清廷看來，明亡最為重要的教訓，就是這幫文人口無遮攔干預朝政，時而聚訟影響決策。「哭廟案」、「浙江抗糧案」，就是清政府為了整治江南文人而生造出來的。

這些案情是實打實地冤枉好人，比如浙江抗糧案，事實上沒有任何一個人抗糧。糧差明明徵收過一遍白榜銀稅，結果糧差私吞稅款，沒交公，後來衙門又派人去收稅，被徵稅的人家不願意給，就被拉去衙門打死了。諸生去官府抗議而被抓，由此牽扯無辜者，釀成了抗糧巨案。更冤的是有人從始至終都沒有在這件事中露過面，也沒說過一句話，卻一併被抓，或被殺頭，或被流放。這其實就是針對「悖逆之民」的整治，只要是和這幫聚眾鬧事者沾上一點邊的人，都會被判刑，往後誰還敢生事呢？

歷經一百多年的清洗，終於洗出了一群順民。清代的老師勸誡學生時，就有強調過千萬不要參與任何「聚訟」的條文。有什麼冤情，被冤枉的人或至親好友可以上訴，卻不能和其他人聚在一起討說法。官場也有教誨：多磕頭，少說話。

清代人的「老實」，是被「殺」出來的。

朝廷即便對文人如此，對普通的民眾，單純的告誡與威懾卻是沒有用的。鄉間侵凌暴虐的事件時有發生，人們經常因為這樣的不公而發起訴訟。此時，官府的主要任務並不是審判，而是「止訟」。

止訟的辦法簡單而粗暴，就是讓衙門成為普通人不敢進的地方。止訟首先應用於近親相告，如果雙方沾親帶故，不管是誰來告狀，都要先罰站。有一種叫站籠的刑具，是木製的高籠，三面是木柵，一面是木門，門上有鎖。頂上有一個木枷，把人的頭扣住，讓人半懸在籠子裡。腳底下夠不著地，就墊幾塊磚，但並不墊得正好，讓人必須踮著腳站。稍微鬆勁，脖子就會卡在枷上。被囚的人只好大腳趾用力，努力支撐，時間一長，就會把腳趾累斷。一般只需要兩、三天，被囚的人就會被累死。

清末，毓賢擔任曹州知府的時候，立了十二套站籠，抓到人後，不管你是賊人還是良民，先往站籠裡放，弄死了不少人。如果說毓賢是為了抓盜賊才會牽涉無辜，那麼其他官員則純粹是為了達成止訟指標而濫殺無辜。

遇到親朋狀告親朋的，官員會先弄一套枷鎖，讓人手把手站在衙門口，直至他們同意撤訴。陌生人之間的控告也是如此，不僅官員把人亂打一氣，官差更是索求無度。很多時候，一旦接手個案子，小吏便因公徇私，「入門索酒飯，出門索銀錢，略不稱意，橫肆詬罵，一言抵觸，蜚語誣賴。」

官吏對訴訟者百般凌辱，訴訟者稍表現出不快，他們就會造謠誣賴，構陷事主。人家本來就是因為遭遇了不公才上訴的，結果弄得傾家蕩產，遍體鱗傷。這樣的環境，促使百姓達成一個共識：不能沾惹衙門。基層就這樣失控了。

取而代之的，是處理私案的鄉紳、耆老、族長等。這些鄉紳、耆老、族長，與官府有著密切的關係，卻又相對獨立，擁有一定的裁判權和執法權，俗謂之「老大人」。

老大人有時是公正的，但很多時候不可避免地做出不公的判決。他們有自己的利益需求，故而在實質問題上相互抱團，製造老實人，並犧牲老實人，來謀求自身的利益，換取一時的太平。

老實人對人有益而無害，忍氣吞聲，不惹事生非，官府很喜歡，老大人也很喜歡，普通人同樣喜歡。不過，人們出於樸素的正義感，多多少少都會幫老實人說話，一些正直的縣官、老大人，也會刻意偏向老實人。但一旦涉及他們自身實質性的利益，也總免不了忽略老實人的利益，重視凶頑者的訴求，達到相安無事的目的。

老實人的聲譽很好，那些狡猾的凶險之徒，不僅不放過他們的錢財，就連這樣的美譽也不放過。

清代許奉恩撰寫的《里乘》裡，講了這樣的故事。皖城（今潛山）懷寧縣有個孀居的寡婦，兒子剛剛成年，為人非常老實。他為某個官員當僕從，做事勤勤懇懇的，深受主人的喜愛。

同治七年（一八六八年）三月十八日凌晨，他起床為主人煮茶，一個暴雷白花花地閃向院子，直接將他劈死了，死的時候人正跪在地上。

那寡婦聞訊趕來，抱著兒子的屍體號啕大哭：「我兒是好人啊！老天爺你為什麼不長眼？」結果話剛說出口就天雷滾滾。眾人忙勸她別忙著罵老天爺了，先收屍吧。她一住口，果然就沒雷了。

《里乘》是模仿《聊齋志異》的志怪小說集，雖有小說的成分，但也反映了一部分社會現實。古時的人們普遍認為，老天爺的天雷是不會劈死老實人的。人之所以被雷劈，還是因為不老實。後來有人指出，寡婦的兒子確實很不老實，只是對外裝老實。他手腳不乾淨，曾坑了不少人，還害死過人。

據說有一回，他偷了賣陶器的小販五百文錢。賣陶器的小販很辛苦，就是捏土作業，憑藉手藝勉強混口飯吃，好不容易攢下這點錢，全被他偷了。小夫妻「無以營生」，為此吵了很久，最終雙雙上吊自殺。時隔一年，就有了這小子被天打雷劈的事故。

古人迷信地認為雷只劈壞人，卻又說「雷慣擊老實人」。意思是許多老實人其實並沒有表面上那麼老實，他們不發誓還好，一發誓就電閃雷鳴。這樣的因果報應說，顯然是出於人們對偽裝成老實人的惡人深深的恨意。

中國古代是熟人社會，祖祖孫孫同居一處。長久的交往，讓人能輕易識別村民的人品。「群眾的眼睛是雪亮的」，應用在熟人社會是對的。在當時，人們非常重視口碑，那些假裝厚道的人總會露餡，所以口碑是很差的。

朝廷也有矛盾，在統治者看來，老實人是可以犧牲的，但也必須加以保護，這樣才能讓人們爭做老實人。所以，朝廷自然也要推出法律懲治奸惡，在定案時強調某人「老實本分」，一旦這樣說，就傾向於判定此人無罪。而對於無權無勢的凶頑之徒，就沒有那樣的好臉色。

現今的生人社會中，很難有誰能為別人做出信譽擔保。於是，建立完善的信譽體系就是必須的了。

20 清代狀元張謇為什麼選擇「冒籍」考試？

同治十年（一八七一年），已經中了秀才三年多的張謇悶悶不樂。事實上，從十六歲開始的十多年裡，他都生活在極端的憂鬱與憤懣中。

主要原因，就是他在考試時選擇了「冒籍」。

所謂「冒籍」，就是用假的籍貫參加科舉考試。之所以這麼辦，是因為清代末年很多地方有「冷籍」的說法。

冷籍，是指家庭三代以內沒有人做過官，也沒有人考中過秀才。本來科舉的目的就是選拔民間人才，是不拘泥於出身的，只要不是胥吏、倡優等賤籍出身，都能應試。可是，隨著時間的推進，許多地方的既得利益者對普通家庭的限制越來越多，對普通家庭出身的孩子要求越來越苛刻，才出現了所謂的「冷籍」。

許多資料都說，冷籍是因為三代以內沒功名，所以不能參加考試，實際上不是這樣的。冷籍是地方上的學官和縉紳，也就是「學閥」篡改現成的規章，私造出來的一項制度，目的就是要設置本來沒有的門檻，使科考入圍的大權掌控在少部分人手中。

冷籍家庭出身的考生，本來都可以參加考試。可是，朝廷又規定，平民子弟若想參加考試，需要族裡的頭面人物認保，考前還須本縣的廩生（能領廩膳的生員）派保。

這種擔保的工作並不歸縣官統轄，而歸學官統轄。因此，一些不肖秀才與學官發現了商機。他們達成默契，將擔保做成了一門生意，發明「冷籍」的說法來恐嚇並訛詐普通考生。他們掌握著學生的入試許可，以及中生員後的名次排序，便以此要脅考生拿錢給他們。

據張謇自述，一個秀才名額，少則要花費數百緡（貫）錢，多則幾千緡。這些錢，足以讓好幾個中產之家破產。

張謇是少年天才，是中國近代實業家、教育家。但當初卻連初試都不能參加，他便和父親一起請老師幫忙想想辦法。

他的老師宋璞齋，應當也是當時「吃考生」環節中的一員，他介紹張謇父子認識了鄰近的如皋縣一個名叫張駉的老人。張駉有個哥哥，叫張駒。張駒有個兒子，叫張銓，此人剛剛去世，戶口還沒有註銷，宋璞齋就讓張謇假冒張銓的兒子。

張謇考試的時候填了三代，張駒、張銓、張育才（張謇）。因為這家人裡本身就有秀才，所以子孫可以隨意參加考試，不用為了花錢買考試資格而破產。而約定付出的費用也較少：如考上，就給二百千錢，也就是二十萬文；如果沒考上，則只需要支付張駉的兒子張鎔和孫子張育英的考試費（他們也要一同考試）。

結果，張謇順利地考中秀才，想著趕緊恢復原籍，但張鎔並不同意。他告訴張謇，這時候暴露身分，是不想要功名了嗎？建議張謇還是先繼續考，等中了舉人再說。

年少的張謇就這樣上了賊船，他對張鎔，不僅沒懷疑其用心，還重重地感謝。後來，張謇幾次考舉不中，神魂不寧，全拜這戶張家所賜。因為他經常被他們敲詐勒索，五年來，他每天都過得提心吊膽。張家人知道張謇珍惜自己的人生，不想因為冒籍而被革除功名，就開始大肆勒索。

除了一開始的二十四萬（文）外，張鎔又勒索了一筆「學官認派保費」，為龍洋（銀圓）一百五十塊。沒過多久，他又來向張謇要錢，先要了八十塊，後來又要了兩百二十塊。而那些作保的鄉賢、秀才、學官，也都來敲詐張謇。

忍無可忍的張謇父子，決定向宋老師求助，請宋老師幫忙疏通，改回原籍，卻被宋老師一頓嘲笑。宋老師可不管學生被敲詐的事，還要他們好自為之。他們只好回家，繼續忍受這幫人的敲詐和騷擾。

原本的小康家庭，經過這些年這麼多人的敲詐，竟負債一千餘兩。最後，張謇實在是拿不出錢來了，來敲詐的張鎔非常生氣，便串通學官誣陷張謇，說張謇不孝順，還要張貼他的大字報，大罵張謇忘恩負義，不認他這個親爹。

張鎔假裝自己就是死去的兄弟張銓，上告如皋縣的學官，說張謇對他這個親爹不孝順，請學官做主，懲罰張謇。學官也不是什麼好東西，把張謇傳喚拘留，讓他寫一篇揭露自己骯髒的心靈的反省文，並說明以後到底該怎麼孝順自己的父親張銓。

張謇知道不能再這樣下去，選擇了逃跑。那天深夜，他穿著破鞋，提著燈籠，冒雨出城，跑回老家南通。正巧江蘇學政大人彭余久到南通任職，張謇直接向他自首，請求將自己的秀才功名革斥。

彭余久是溫厚的長者，惋惜張謇的才華，吩咐通州知州孫雲錦徹查此案。（古時有兩個通州，北京通州和江蘇通州，為避免混淆，人們就將南邊的通州叫作南通。）

孫雲錦早就知道有這回事，他以前就頗為賞識張謇的才華，奈何地方上盤根錯節，實在難辦。既然此時有了上面的命令，便開始層層遞交申請，幾經周折，終於在同治十二年（一八七三年）經禮部核准，讓張謇改回了原籍，得以繼續參加考試。後來，張謇獲得鄉試第二名，在會試中得進士一甲第一名，也就是狀元。在這段期間，張謇已經開始施展實業救國的宏偉抱負，堅定地支持國家重工業的發展。他一生中創辦二十多家企業、三百七十多所學校，為中國近代之崛起做出了不可磨滅的貢獻。

張謇冒籍，實則並沒有在考試難易程度上占任何便宜，只是想要一個考試的資格，一個施展才華的機會。然而，就算是這樣的機會，在帝國晚期時，也被既得利益者阻撓，他們為平民子弟的上達管道設置了層層壁壘，盡可能地阻止平民子弟參加考試，使張謇不得已選擇了偽造身分這條道路。

有資料記載，太平天國領袖馮雲山就是因無法考試才憤慨地說：「考試無錢，難考得到！」許多人以為馮雲山說的是路費和考試費，實際上是要傾家蕩產繳納的資格費。在古代，偽造籍貫是要遭到革斥的，張謇只能任由知情者勒索。好在他最終擺脫了泥潭，得以發揮自己的能力。

張謇不是第一個冒籍考試的人，也絕非最後一個。早在他之前，人們也曾為了獲取考試資格，或為了享受更少的競爭，轉投到別的省分和地區參加科舉。這種現象從唐代就有了，到宋代達到鼎盛，並一直持續到清代末年。

每個地方的人口不一樣，但錄取的名額可不是按照人數多少定的。譬如順天鄉試一次錄取一百個，浙江鄉試才錄取五十個。但現實是順天的考生少，而浙江的考生多，錄取的比例根本就不一樣。江南人文甲於天下，考生水準很高，數量也多，但江南（安徽及江蘇）鄉試也只錄取一百個，如果去順天考試，很容易就能被錄取。

之所以這樣做，朝廷也有自己的考慮。科舉考試其實是官員選拔考試，倘使放棄分省錄取，直接按照名次排序，那麼天下的舉人、進士，就會有七成來自江浙。如果這地方再有大批考前突擊輔導班、魔鬼訓練營，那麼就會壟斷所有名額。同一個地區的人往往會形成合力，壟斷官場，這可不是什麼好現象。為了避免這種情況，朝廷才會按照省分給名額，而解額（解送入試的名額）幾乎是按政治勢力平攤下去的。

但在考生看來，這顯然很不公平。大家學的都是同樣的知識，考的也都是相似的內容，所謂「學而優則仕」，學得好自然應該被優先錄取，憑什麼要分籍貫呢？

但事情已經這麼定了，為了脫穎而出，他們自然而然地選擇冒籍，在競爭激烈的地方學習，到競爭小的地方參加考試。

冒籍的方法花樣百出，總體來講，無外乎異地落戶或冒充他人。儘管歷朝歷代打擊力度不小，但冒籍的現象依然相當嚴重。如明代某個時期，福建福清地區共有一百二十名秀才，其中本縣的二十名，剩下的全都是外地人，這幫人一般考完就走。除了受到影響的本地考生家庭，人們其實對冒籍並不反感。但冒籍畢竟是違法的，不肖子弟便可以抓住某人冒籍的把柄死命地敲詐。

冒籍現象的出現，本質上是古代人們對教育資源配置不均的一種應對。在一些朝代，它並不違法，只是不被官方鼓勵。但在科舉成為士子唯一出路的時代，這件事就變得嚴肅起來。為了獲得更加優質的資源，更加輕鬆的人生晉級方式，人們花招百出，把所有能想到的方法都用了一遍。在這樣的博弈中，許多人的命運也就此改寫。

價值觀

01

《三字經》出現以前，兒童有哪些啟蒙讀物？

隆慶二年（一五六八年）的某天，大明首輔徐階一行人在皇宮御道西側，碰見了五歲大的太子朱翊鈞。

太子向他們打招呼：「先生們辛苦啦！」

拜過太子後，徐階說：「殿下這個年紀，該讀書、上學了呀！」

太子望著他們，說道：「我都讀完《三字經》啦！」他又說：「先生們快請回吧！」聲音洪亮，不卑不亢。

徐階等人走出皇宮，額手稱慶：「宗社萬世有幸啊！老臣即便是死也瞑目了！」

為什麼太子讀個《三字經》，就是社稷萬幸的大事呢？

原因就在於，《三字經》是宋元以來中國最為經典的童蒙讀物。它約有一千字，承載了勸學、天文、地理、歷史、禮儀、道德等諸多內容。在民間學堂，孩子們七歲開始讀《三字經》，而身為太子的朱翊鈞，五歲就讀完了，面對徐階的詢問底氣十足，也讓閣老（內閣大學士）們刮目相看，慶幸他不是一個貪玩厭學的儲君。

《三字經》的作者，據說是南宋淳祐年間的進士王應麟。這篇文章寫成後，很快成了先生們最喜歡的教案。三字成經，言簡意賅，朗朗上口，其他蒙學讀本無出其右。因為《三字經》影響巨大，後世又有人對其進行了增補，其中涉及歷史的部分一直拓展，成了我們今天所看到的版本。

作為兒童讀物，《三字經》大多是描述古今文化概況，具有勸學的作用，雖然言辭精簡，但太過籠統，雖能增長人的見識，強調共有的道德觀，卻無法指導日常行為，無法成為「守則」。於是，清康熙年間，一種名叫《弟子規》的三字文應運而生。《弟子規》對子弟的行為、舉止，進行了詳細的指導與規範。在清代，《弟子規》與《三字經》並列，成為童學必讀書目。

有人指責《弟子規》著重規訓與思想鉗制，並非古代的蒙學讀物，是冒充的，這個指控的前半部分有一定的道理，但後半部分卻是嚴重錯誤的。

《弟子規》確實是清代中期直至近代非常有名的蒙學讀物，從寫成那天起就被各處傳抄。乾隆年間的進士李江認為，鄉塾最忌不讀《弟子規》、《小學》，這兩種書淺顯易懂，讀過即可照辦，應與《廣三字經》一併誦讀。

《弟子規》的流行，是因為它與《三字經》大有不同。它對學生的日常行為有明確要求，而且具有很強的可操作性。如「用人物，須明求。倘不問，即為偷。借人物，及時還。後有急，借不難」、「己有能，勿自私。人所能，勿輕訾」，句子易解，又容易上口，讓孩童謹記應有的行為準則。不像《三字經》側重的是博物與說理，《弟子規》側重的是行為指導。

然而，《弟子規》畢竟是封建社會發展到極致時的產物，自然而然地夾雜了不符合現代觀念的教條。尤其是那些與上下尊卑有關的條目，完全是為了滿足統治者的需要，單方面強調晚輩與下屬的付出，而不去提長輩與上級的責任。如「親憎我，孝方賢」、「號泣隨，撻無怨」，在一些企業主那裡深受歡迎。

這樣的要求在古代社會尚難做到，如今更是令人難以理解。這些條目的存在，使《弟子規》遭到了近人的抨擊。也有人揪出作者李毓秀進行批判，說他只是康熙年間的一個秀才，所以寫的東西水準本來就差。

這有一說一，作者的科舉水準與作品水準並沒有非常大的關係。蒲松齡鄉試不中，僅是秀才，所作《聊齋志異》卻是經典中的經典。徐霞客連童子試都沒過，也不失為人文地理一代宗師。

《弟子規》中有糟粕，不合時宜，應當有所摒棄。但也要一碼歸一碼，因為它的確是個非常好的，甚至可以說無與倫比的童蒙範本。這一點現下極少有人意識到，朗朗上口，合轍押韻的三字文，乃是蒙學最為經典的格式，非常便於人們吟詠記誦。如果改為長句或者互不關聯的片語，人們的學習效率將大打折扣。

《弟子規》的行文模式，正是當今教育界應當學習的範式。

它用最簡明易懂的三字句對學生進行切實的引導，一句話便能勝過一大段教誨，幾句話能讓人記一輩子，比上十堂課都管用。我們要做的不是連模式都摒棄，而是將「緩揭簾，勿有聲，寬轉彎，勿觸棱」之類的內容，改為更符合現代社會環境的規範。

《三字經》是明清以來最重要的蒙學讀物，《弟子規》是清代中期以來的蒙學讀本。此外，還有許多幾乎與它們同時出現的兒童讀本，如《百家姓》、《龍文鞭影》、《笠翁對韻》、《增廣賢文》、《小兒語》、《幼學瓊林》。這些讀物，課堂上未必全教，就算教，也只是先生領讀，學生跟讀，並不做過多的解釋。其中的《百家姓》、《龍文鞭影》、《幼學瓊林》是知識類的，《笠翁對韻》是教孩子寫詩文，《增廣賢文》、《小兒語》教的則是人情世故。它們多是四字經或六字經，有的是四六駢文，相較於《三字經》略難記誦。

宋代以前，也是有蒙學讀物的。唐代主要是《蒙求》，為進士李翰所著，至今尚傳，但它是單純羅列名人知識的四字讀本。又有《兔園冊府》，作者是唐初文學家虞世南，總共十卷（另有由唐代杜嗣先纂三十卷一說，今殘存一卷），到五代時仍是鄉塾最常用的教材。即便其傳播得如此之廣，經歷五代數次戰火，還是散佚了。

唐代更前的南北朝時，有我們所熟知的《千字文》，由一千個不重複的漢字組成對仗工整的四字知識，與《三字經》、《百家姓》同列傳統蒙學三大讀物。

漢代則有《倉頡篇》、《急就篇》、《訓纂篇》、《凡將篇》、《滂喜篇》，作為小學生識字、博物的教材，在當時非常有名。可惜只有《急就篇》流傳下來。不過，傳下來的篇章，多半只是對生字進行了簡單的羅列，相當於小學課文的「生字」。

先秦時期，人們就將基礎教育階段稱為「小學」，高級階段叫「大學」。士人通常八歲入小學，十五歲入大學。孩子們在小學階段學六書，主要內容是識字等基礎課程和基本禮儀，禮儀主要是長幼之道。孩子們十歲開始學《詩經》，《詩經》數百首，旋律悅耳，是專門負責采風（蒐集民歌）的官吏擷取先秦諸國人與民間風行的歌謠而成。

不過，原本的《詩經》中，確實夾雜了一些相當潑辣的山歌，歌詞很淫穢。事實上，明代文學家馮夢龍也採擷過明代的山歌，感興趣的讀者可以一看，確實不太適合課堂學習，尤其是小學生的學習。

孔子對《詩經》進行了增刪，定了三百篇。他說：「小子！何莫學夫詩？詩，可以興，可以觀，可以群，可以怨。邇之事父，遠之事君。多識於鳥獸草木之名。」興、觀、群、怨，說的就是《詩經》可以培養人的想像力、洞察力、凝聚力、同理心。多識鳥獸草木的名稱、特點，正是博物的一種形式，實際上人要懂得的事遠不止這些。

現今的家長，一般非常注重孩子的博物教育，給孩子買許多的博物書，可以說非常盡心了。但是，品德的培養卻是要言傳身教的，不是只說不做就能行的。

在言傳這方面，人們有些進退失據，輕易放棄了便於理解和吟誦的三字箴言，迷失在散亂無序的長句和各類專業名詞中，以致事倍功半。道德教育太高又籠統，缺了一些可直接上手執行的禮節，也是應當著重改進的。至於博物教育，它能使人明智，但也極容易讓人產生傲慢的情緒，必須知行合一，身體力行，否則所言完全脫離實際，還不如不知。

中華有幾千年的文明史，在蒙學方面有著非常成功的經驗。我們應當在傳承中創新，在創新中傳承，充分利用既有的優勢，書寫屬於當代的經典蒙學。

02 被古代厲害人物推崇的為人處世經典有哪些？

明萬曆四十八年（一六二〇年），浮沉官場數十年的官員洪應明決定隱退。在縱情山水的日子裡，他將一生所學及居官時思考與採擷的人生感悟，編成了一本名叫《菜根譚》的書。此書看似是明代人的心靈雞湯，實則遠不止如此。它融會貫通了儒、釋、道三家學說，沉穩而不失瀟灑，真誠又豁達，令人內心寧靜，對浮躁的社會、焦慮的人，有著莫大的幫助。

明代的出版業相當發達，《菜根譚》剛出來的時候，是很有影響力的。只是當時明代已經走向滅亡，戰火焚毀了大量的書籍，也使這樣一本奇作被人遺忘在角落。

直至乾隆五十九年（一七九四年），藏書甚多的遂初堂主人路過一座古剎，想從中尋找一些值得再版的古書。在殘經敗卷中，他猛然看到了已經散亂的《菜根譚》。書的序可能是以前的書商寫的，文辭粗糙。但他翻閱書本的內容後，驚喜萬分，認定這就是他要找的「身心性命之學」，是一部足以改變許多人命運的作品！

於是，他趕忙把殘卷帶回書坊，重新校對，繕寫成帙，使《菜根譚》重返人間。《菜根譚》一時洛陽紙貴，不久後更成了人們極為推崇的處世經典。

又過了幾十年的時間，《菜根譚》漂洋過海傳到了日本，被日本書商大量複印。明治維新時期，它成了日本商界人士最為追捧的必讀書。稻盛和夫曾說：「一本《菜根譚》，就足以大大改善個人與企業的命運。」《環球》雜誌則稱：「企業管理有關的書籍千千萬，但從根本上講，都抵不過一本《菜根譚》。」

《菜根譚》乃是入世之人出世後寫下的著作，恬淡而不失熱烈，灑脫但絕不虛空，得到企業家的追捧也是必然的。

洪應明不過是明末南京的一名普通官員，卻有如此心得。以中國歷史之浩瀚程度，何以只出現了這樣一部經典呢？在中國歷史上，類似的經典還有很多。但是，典籍往往百不存一，加上那些從一開始就名不見經傳的圖書，可能會千不存一、萬不存一，就連一度十分流行的圖書也是如此。

《菜根譚》的作者洪應明，本身只留了一個名字，人們能知道他的一些情況，是因為當年與他有過密切交往的老師、朋友，在作品中偶爾提過他。其中就有個叫袁黃的，在自己的作品中提到洪應明的另一本著作《仙佛奇蹤》，並給予了盛讚。

袁黃也是明末官員，農業、水利、兵法、醫學、術數、曆法、儒學、道法、佛法，無所不通，各有相關著作。他也有賑災救人與抗倭援朝的事功，中年的時候，取號「了凡」，人稱「了凡道人」，所作《了凡四訓》，被稱作中國勸善第一書。

明清的處世經典，擅長「發明內心」，探索「良知」的學問，給人不少益處。與《菜根譚》同類型的，還有明末陳繼儒的《小窗幽記》、清代王永彬的《圍爐夜話》。

宋代以來，引導常人居家處世的書籍也有不少。袁采的《袁氏世範》，對人們如何治理家庭，如何處理自身的問題做出了詳盡的指導。其中有個〈處己〉篇，教人立身、處世、言行、交遊，以及在無常的世事中，人到底應當如何應對。〈治家〉篇則涉及與人交易、借人錢財的準則與手段。

明代亦有《溫氏母訓》，是學者溫璜記錄母親教子的語錄。除了一些具有時代局限性的話，如男女大防、女人不能多識字外，尚有許多非常經典的告誡，如「愚人勿說乖話，薄福人勿說滿話，職業人勿說閒話」、「兒子是天生的，不是打成的」等。

而最為經典的家訓書，當數《朱子家訓》與《顏氏家訓》了。

《朱子家訓》的作者並非朱熹，而是朱柏廬，他生活於明末清初，其家訓的多數段落，成了廣為人知的處世格言。如「一粥一飯，當思來處不易；半絲半縷，恆念物力維艱」、「見富貴而生諂容者，最可恥；遇貧窮而作驕態者，賤莫甚」、「輕聽發言，安知非人之譖訴，當忍耐三思；因事相爭，焉知非我之不是，須平心暗想」、「凡事當留餘地，得意不宜再往」，等等。

唯有經歷歲月的洗禮，才能知道其中精妙。

《顏氏家訓》成書於南北朝時期，是著名教育家顏之推的著作，乃是家訓之祖，也是隋唐至宋元時期最著名的處世圖書。它的體例很特別，用一個個故事或課本上的語錄引發，來講述或淺或深的道理，至今還有很好的指導作用。

顏之推是顏回的後裔，他家教有方，子孫個個都成了才。顏思魯、顏師古、顏勤禮等，皆是鴻儒。五世孫則有顏真卿、顏杲卿等歷史名臣，家訓的傳承必然發揮了相當大的作用。

漢代以來的大家，多數是讀《大學》來悟道的。不管是各類家訓還是達人所著，根源都在這裡。《大學》乃是《禮記》中的一個篇章，因為十分經典，故而被人擇出來單獨流傳。雖然字數不多，但足以成為古人啟迪心靈的根本。格物、致知、誠意、正心、修身、齊家、治國、平天下，便是從中而來的。它認為做事情要從「誠意」開始。

所謂誠意，首先是絕對不能自欺欺人。好好色，惡惡臭，都是誠意。這種誠意不是說要讓喜怒形於顏色，而是要做到認知與行動高度統一。一個人不可能極端厭惡惡臭還挨近惡臭，除非他是個逐臭之夫。當一個人的處世哲學與行為出現矛盾，那麼就證明他並不是真的有所信仰。

先秦百家中，也有許多經典的處世著作。商鞅與韓非子等法家作品洞察人心，又給出了治理的手段。老子的《道德經》飄逸灑脫清靜無為，孔子的《論語》則講究入世。更早以前，人們的行為與舉止多由《易經》來指導。《易經》為大道之源，不過言辭太過簡約，讀起來比較費力，需要與長久的實踐相結合。

如今，人們遇到的問題一點也不比古人少，雖有相應的禮節與準則，卻依然缺乏有效的指引。人們經歷一番痛苦，有所感悟，有了幾條人生經驗，殊不知這樣的感悟古人早就寫過，也給出了處理的方法。

書中所得的處世方法，當然不如切身體驗的教訓深刻。但人的一生其實是很寶貴的，應當把寶貴的時間用來做更多有意義的事，有些不必要去走的彎路，是沒必要去走的。因此，花一點工夫閱讀經典的處世作品，就很有必要了。

03

唐代為什麼包容？清代為什麼排外？

初唐至盛唐，於史有載在朝為官的外國人，占到了全體官員的十分之一以上。不僅朝堂上有大量的外國人，民間也是這樣。

唐代的大城市裡，隨處可見不同膚色、不同語言的異國人。這種現象在當時也引起了廣泛的討論。許多官員認為，防人之心不可無，應當警惕異族。然而，在太宗的支持下，唐代繼續實施相容並包的政策。外籍官吏及普通士民得以在長安及其周遭定居。這樣的政策，也吸引了大量外國人口歸附。

不管是來自東瀛的留學生，還是到長安投附的異國王子，抑或是粟特、大食、波斯、新羅、百濟、呂宋等國的商人，甚至膚色漆黑的崑崙奴，都是唐代國際化的體現。人民的氣度也變得寬廣，詩人的詩風也很豪邁。

但事實上，並不是唐人寬廣的心胸帶來了局面改變，而是大局改變了國人心態。這種心態寬廣的局面，是一系列特殊條件達成後才形成的。

隋朝開始，統治者以武力進取，國際形勢有了重大改變。到了唐初，進取更多，引起了對外政策的變化。

一如唐太宗所說：「靺鞨遠來，蓋突厥已服之故也。」靺鞨是東北的古民族，他們遠來示好，並不是覺得唐朝好，而是眼睜睜看見橫亙北疆萬里之廣的突厥被唐朝制服，所以選擇了臣服。

李世民在年少時，便有著卓爾不凡的眼光。他久經戰陣，見過很大的世面，在中國古代帝王中，他的能力數一數二。正是透過政治、軍事、經濟、文化全方面的征服，唐代達成了「萬國來朝」的成就，為中國的民族融合做出了卓越的貢獻。

然而，在李世民的父親，也就是唐高祖李淵時代，唐朝可不是這樣子的。當時的突厥還很強大，包括王世充、劉黑闥在內的多方勢力，都想盡辦法與突厥聯盟。後來，唐朝建國，突厥的頡利可汗持續南下騷擾，唐人苦不堪言，又沒有特別好的解決辦法，一度動了遷都的念頭。

好在李世民等將領用兵如神，最終取得了與頡利簽訂「友好協約」的機會。但強大的突厥並不把這樣沒什麼效力的條約放在眼裡，等李世民即位後，依然不斷南下。李世民派李靖等人出擊，將頡利擊潰並活捉，對突厥造成嚴重打擊，此時已是貞觀四年（六三〇年）。

貞觀元年（六二七年）的時候，唐與突厥尚處於巔峰對決的時刻，形勢非常嚴峻。兩國間的間諜多如牛毛，他們混雜在商人、教師、旅行者間，竊取資訊和發動輿論的辦法無所不用其極。於是唐朝規定，士民不能隨意越界過關。

此時，住在長安大覺寺的玄奘法師，已經和許多僧人一樣，提交了出國申請，但國際形勢如此，他的申請並沒有得到批准。玄奘知道這種情況下自己硬要出國屬於嚴重的違法行為，而他的求經之心不死，於是冒險偷渡。

本來是一直沒有機會的，但當時長安附近鬧了災荒，餓死了人。如果再不許百姓外出，情況只會更糟。時逢李世民登基第一年，他也顧不了那麼多，下令開放長安城門，允許百姓外出就食。洶湧的人潮一擁而出，其中就有玄奘。他趁著這個機會蒙混出關，而和旁人不同的是，別人要麼往南去蜀地，要麼往東去洛陽，只有他踏上了西行的道路。

因為是違規越界，沒有過所（通行證），但好在他是社會知名人士，一路上總算有驚無險，又得到了小吏的照顧，終於抵達西方。此去十八年之久，行走十萬多里，他於貞觀十九年（六四五年）回歸長安，受到了李世民的熱烈歡迎。

唐朝對玄奘的態度，就是國力強盛的證據。它並非僅取決於玄奘取經的成功與不成功，而是前後兩個時間，國家的局面和國際形勢有了本質的區別。

此時的唐朝，已經一定程度上完成了國際制霸。李世民早已俘虜了頡利，消滅了東突厥，又擊潰了吐谷渾，攻克了高昌國，設置了安西都護府。文成公主赴吐蕃，與松贊干布和親。又過了幾個月，九姓鐵勒也將率眾投降。兩年後，葉尼塞河上游的黠嘎斯，東北的契丹、奚紛紛前來歸附。使者王玄策出使天竺被搶劫後，率領泥婆羅與吐蕃軍橫掃北印度，俘虜了摩揭陀（古印度四大國之一）國王阿羅那順，回到了長安。

唐代包容開放的局面，與貞觀到天寶年間國家實力異常雄厚高度相關，當然也與皇帝本身的硬實力有關。失去任何一個條件，國家自然而然地就走向封閉。

唐朝的大好局面持續了一百多年，至天寶十四載（七五五年）末，身兼三鎮節度使的粟特族人安祿山在范陽發動兵變，屬下唐兵及同羅、奚、契丹、室韋共十五萬軍人造反，長達八年的大亂象，使唐朝實力腰斬。

從那以後，我們就很難看見唐朝的官吏中有外國名字出現了。雖然後來唐朝一度出現了中興局面，甚至在德宗時期耗死了反目成仇的回紇與吐蕃，卻終究難以複製當年的盛況。

安史之亂後，唐朝國力衰弱，陸上絲綢之路被回紇和吐蕃卡死，東西貿易一度中斷。但與此同時，令人始料未及的機遇再度出現了。

要知道，商人總是無孔不入的。他們另闢蹊徑，選擇了沒有各方勢力干涉的海路。於是我們驚奇地發現，自從安史之亂後，陸路貿易衰落，海上貿易卻蓬勃發展起來。尤其是中國東南諸多港口，如廣州、泉州、明州、揚州等大港，吸引了來自印度、波斯、大食及南洋諸國的大批商人前來。到唐末，黃巢攻打到廣州，殺死了近十二萬名異國商人，側面證明廣州當時外商之多以及對外商貿的盛況。

宋代時，陸上局面依然複雜，這使得海上絲綢之路越發完善。朝廷在沿海設立了許多通商口岸，「南商越賈，高帆巨艫，群行旅集……自泗而東，與潮通而還於海。」到了南宋，東南沿海地區的商貿更是前所未有的發達，為偏安的南宋朝廷提供了大量資源。然而，這種繁華的景象，在明代初年有了改變。這種改變，也是由於國際形勢的突變造成的。

明初，朱元璋實施海面封鎖，也就是我們常說的「海禁」，這是迫不得已的。元末天下大亂的同時，日本也處於相當混亂的時期，內部紛爭不斷。氣候的異常，更是加重了民間經濟的崩潰，出現了大量亡命的流寇。他們有的嘯聚山林，有的則漂洋過海，侵擾鄰近的朝鮮半島及中國東部沿海城市。首先被侵擾的，就是山東和遼東沿海，隨著倭寇實力的增強，禍亂往南又蔓延到浙江等地。

元代海岸防範很鬆，不行海禁。雖說禁止民間船隻往來，卻歡迎官方的商船往來。然而浩瀚的大洋裡，人的行為是沒辦法約束的。日本官船前來，往往攜帶所謂的防身武器。說是防身，實則殺人。倘使遇見中國的船隻，必然要搶掠一番。他們發現搶劫才是一本萬利的好買賣，等到中國天下大亂時，倭寇便越發猖獗。

朱元璋掃清天下，大量戰爭的失敗者並不甘心成為洪武大帝的階下囚，他們有的被梟首、凌遲，有的被充軍、奴役。成功逃亡的軍閥部眾漂洋過海，占據諸島，成為海上的流寇，出現了名震東洋的海賊王。

這些流寇與明朝為敵，卻與日寇勾結，形成強大的海上勢力，壟斷了海上貿易，儼然一個海外朝廷。因此，明初發布休養生息令時，免不了實施海禁。由官方主持部分通商口岸，但這種貿易約束太嚴，沒有活力。

然而，倭寇並沒有因為明朝的嚴加防範而消失，他們遭受重創後沉寂了一段時間，在明代中期又達到了鼎盛。這是因為日本重新步入了異常混亂的時代，本來就擅長渡海的倭寇，重新開始組團到中國搶劫。因為利益巨大，日本的諸侯積極參與，予以資助，更與來自中國的海賊王汪直勾結，形成了實力雄厚的海盜集團。最終，他們在抗倭名將戚繼光的打擊下被平定了。

接下來，由織田信長與豐臣秀吉統治的日本，進入了相對穩定的時期，搶倒是不搶了，反而直接發動十幾萬軍隊侵略朝鮮，明朝則進行了抗倭援朝戰爭。

緊接著，日本迎來了江戶時代，國家進入和平期。而中國正經歷明清易代，局面相當不穩定，於是出現了政令倒掛的情況，日本明確要求對周邊各國，尤其是中國提高戒備。明朝滅亡前夕，他們又接連發布了兩次海禁令，嚴禁日本人前往海外，也不許外國人踏入日本。

清朝建立後，南明政權及鄭成功集團都在東南沿海活動，鄭成功便是當時的海上之王。清廷因為馬上得天下，又不懂海戰，只好既不許居民下海，也不許船隻靠岸，並發布了有史以來最喪心病狂的沿海遷界政策。把幾萬里海岸線的沿海居民全部遣散到內地，將房屋、學校、醫館全部燒毀鏟平，防止大陸居民與鄭氏集團進行貿易，想困死鄭成功。但是，中國的海岸線實在是太長了。東南士民又多懷有念舊的心，屢屢為「反賊」提供糧米油鹽，以及鐵器、桅船等物，促使清朝發布了更為嚴苛的禁令。

平三藩、收復臺灣後，清朝重新考慮了對外的政策。然而，當時正是封建社會登峰造極的時代，朝廷對各種事務防範極嚴，不容一針之罅漏。尤其是乾隆以後，皇帝信奉「祖宗之法不可變」，是先前嚴密制度的切實執行者。他們延續了巨大的思維慣性，即便是開放了部分海禁，也給民間造船製造各種麻煩，本意就是希望百姓最好別出海。百姓即便申請下來造船的許可，也只能造些不中用的小船。

倘使外界環境一成不變，倒也相安無事。奈何世事多變，不可能一直「以不變應萬變」。此時，清朝的統治者們依然做著天朝上國的春秋大夢。西方卻完成了第一次工業革命，帶著堅船利炮，轟開了清朝的國門，強行踏入中國領土。人們如夢初醒，意識到此時的中國和西方列強已經有了很大的差距。因為國力衰弱，就連曾經遣使來學的日本國也囂張起來。

為了傾銷商品與鴉片，從中國攫取利益，列強紛紛指責清朝落伍是由於其閉關鎖國，所以要求通商。清廷也因戰事失敗，不得已簽訂了各項通商章程。被迫開啟的交流也是交流，但伴隨著無盡的恥辱。

我們應該清醒地認識到，漢唐氣度，是以國家和人民實力作為保障的，是以國家強大的軍事、經濟、文化為基礎的。這使得諸國不敢爭鋒，才有了所謂的國際視野。

以李世民為例，他在氣度上當然雄偉廣闊，在國家利益上則寸步不讓，顯得十分謹慎。貞觀年間的唐朝統治者，可不是天寶末年李隆基治下那樣的傻白甜，雖然允許外籍人士來唐，但並不允許他們太過自由。外國人既要如實地填寫詳單，供述本國情況、人物和風俗。來的路上也不許與唐朝本地人交流，直至官方准許他們入籍後，方可娶妻生子。但娶了漢人婦女為妻妾的，想要回國就難了，政策規定他們「並不得將還蕃內」。這意味著身為外籍人士，你老老實實當唐朝人，為國添丁是可以的，可是想要帶唐朝人走，卻是萬萬不能的。這其實就是唐朝的「搶人大戰」。

清代則不同，它在內憂外患之際，採取的是極度緊縮的政策，最終被人強制打開了國門。

在足球聯賽中，如果一支球隊一騎絕塵，那麼各隊球迷之間是沒有多大仇恨的，頂多說兩句閒話，酸一酸最強的隊伍。此時，最強隊與最弱隊踢一場無關緊要的比賽，如果踢出個七比〇，強隊球迷甚至會為弱隊的精彩配合加油，球進了還會送出掌聲。但是，如果出現兩強爭首的局面，那麼兩隊的球迷一定會相互攻擊。不管此前兩隊的關係有多好，都是如此。

這絕佳地反映了超級強國對弱國的寬容，以及強國之間緊張對壘的局面。國家關係與國家當時的情況、國際環境，以及官民心態息息相關。究竟是實施開放政策，還是單邊主義，都是出於利益的考量。

盛唐與大清對外的兩個態度，當然是實力使然。但態度也會影響政策，政策的不同會導致實力的不同，兩者是相輔相成的。

04

武將關羽怎麼會成了財神？

隋唐時期，關羽還不像後來那樣受到人們的普遍崇拜，只是荊州附近地區性的小神。直至北宋，他才發展為整個江淮地區的神祇。

北宋末年，隨著大量文學作品，與道教、佛教經典對關公故事的再創作，這位生前勇猛仗義、威武不屈的將軍，逐漸成了代表精忠義勇的大神。到了明代，經歷代皇帝的加封及民間小說的重新創作，尤其是《三國演義》的描寫，武將關羽終於演化為了婦孺皆知的關二爺。

他強大的武力，以及忠勇仁義的性格，讓人們欽佩不已。上自帝王將相，下至平頭百姓，凡中華文明影響到的地方，「有井水處皆廟祀之」。他威名赫赫，「載之史傳，誦之童叟，真與天地同悠久，日月共昭揭」，成了中華大地上數一數二確有其人的偶像。

人們不禁疑惑，關羽明明是武聖，為何後來又變成財神了呢？

關羽起初確實與財神沒有關係，宋代時，他還是人們的守護神，在香火最盛的明代，也只是道教中的「三界伏魔大帝神威遠震天尊關聖帝君」，是降伏作祟的魔鬼妖孽的天尊。

然而，有趣的是，正在此時，影響中國數百年的商人團體「晉商」崛起了。

「晉」是山西的簡稱，晉商的崛起，得益於明代以來山西特殊的政治環境與地理條件。明朝隆慶開關以前，海禁嚴格，陸地上為了保障邊境安全，在北疆修築長城。但人們畢竟有貿易的需要，駐紮在邊疆的大量軍人也需要糧草、商品供應。於是，山西便以其獨到的地理優勢，擔任了貿易窗口的角色。它三面環山，向南直通關中平原，東口對接京城，東南直往中原，西面有殺虎口（西口），東面是張家口，既是為衛所軍人輸送大量糧餉的通道，也是與蒙古交流的最佳地點。

由於從山東往邊關運送糧草耗資太大，朝廷實行了「開中」政策。這個政策很有趣，讓商人到處收購糧食，只需要將糧食交到大同倉或太原倉，就給商人相應的「鹽引」。

中國古時實行鹽鐵專賣制度，拿到鹽引的商人，就是朝廷許可的經銷商。別看現在鹽價挺便宜的，在古時可不算便宜。一些少鹽的地方，一斤食鹽大略相當於中等收入者一天的工錢。但人們日常生活中又離不開這東西，所以賣鹽是有利可圖的。只是，這要求晉商們要到江淮地區去取鹽，然後再到分好的區域銷售。如此，商人得利的同時，也替朝廷解決了把鹽從產鹽區疏散到各地的大麻煩。

晉商享受了這樣的便利，自然財運亨通。

而那些白手起家的小商販，更值得人們敬佩。他們有著吃苦耐勞、艱苦樸素、說一不二的精神。為了更好的生活，他們有的連獨輪車都沒有，卻透過手拿、肩挑的方式，硬是走通了數千里的遠路販貨謀利，闖出了一片廣闊的天地。

到了清代，國內的商品依然要通過山西商人之手運到俄羅斯等地。在塞外強盛了三百年的大商號大盛魁，買賣做到縱橫九千里，創始人只是小小的丹門沁（小貨郎）。

晉商的生意做到了極致，成了明清時期極為富庶的群體。

做生意，光憑嘴說是不行的，必須要有信譽保障。晉商就設立了良好的信譽保障體系，打響了聲譽，在群體內部，他們非常重視以義取利的生財之道。

商人合夥做生意，合夥人叫「夥計」。一個人出本錢，其他人幫忙一起把事情做成。夥計不應有私藏錢貨的行為，如果他們的祖父母或父母做生意虧本欠了錢，被欠錢的人以為人都沒了，不去討要，做子孫的砸鍋賣鐵也要把錢給還上。同為「夥計」，便生死不忘，絕對不會虧待成員的每一分付出。如此，晉商聚集起了更多的「同夥」。團體內，有本錢，沒本錢，「咸得以為生」。

這種義氣為先、忠信為本的理念，便以關公崇拜為形式體現出來。

和其他地方一樣，山西當時的關公崇拜也很興盛，而且比其他地方更為熱切。這是因為關羽的老家正是山西鹽湖解州。宋代時，關羽就被請來守護當地的鹽池。山西老鄉對關羽非常認可，對其所代表的精神也深表贊同。

晉商崛起後，把買賣做到各地，凡有山西會館的地方，必然有關公的神祇，而且要把關公供在最顯要的位置，有時商人還會直接將關帝廟當會館使用。換句話說，山西會館就是關帝廟。

晉商富庶的名聲，數百年來響徹中國。人們皆以為給晉商帶來財富的正是關二爺，因此，外地人也就將關公視作財神。晉商散布之地，生意人都喜歡拜關公，取意生財有道，不義之財，分文不取。

關公本就是軍旅出身，明代衛所制度中的軍戶，也都把他當作偶像崇拜。那些義字當先的會道門組織，最講究的也是義氣，想要效仿劉、關、張桃園三結義，故而也把關羽視為偶像。

就是這樣，原本被視作守護神的三國武將，成了義氣當先、招引財富、大忠大勇的神祇，受到人們的普遍膜拜。

先秦到漢代受崇拜的名將那麼多，而關羽崇拜發端於隋朝，距離蜀漢三百多年，怎麼就突然有人去崇拜他呢？

事實上，隋朝以前，關羽也是有人祭拜的。只不過最開始的時候，這樣的祭拜只存在於荊州附近，也不是什麼正當崇拜，而是和蔣王一樣的淫祀（不合禮制的祭祀）。《三國演義》中說關羽死後陰魂不散，飄到荊門當陽（在當時荊州境內）去索要人頭，被高僧點化，放下了執念。許多讀者認為這個故事很突兀，實際上它反而是最接近真相的。

關羽畢竟是武將，所謂「一將功成萬骨枯」，荊州又是兵家必爭之地，關羽率兵往來攻略荊州，民眾死傷無算。傳說他死後，化作含恨的冤魂找人索命。大戰之後，瘟疫橫行，死亡率很高，人們相當恐慌，這才開始祭祀關羽。

魏晉以後，佛教興盛，到了隋朝之前的陳朝，關羽索命的傳說還在荊州附近流傳，而且越傳越邪門，於是被佛教引用，才有了高僧點化關羽的故事。也就在這時候，關羽成了佛教中的伽藍神、守護神，後來更成了佛教和道教共同的神明。

人們的信念是會訴諸偶像崇拜的，關公從民間淫祀，很快變成了守護神，又從守護神變成財神，被官方所認可。正是歷朝歷代的人們對於誠樸勇毅的人文環境，富足無憂的經濟條件的渴望，擬成了這樣的偶像。因為有這樣的信念，人們一改往日的恐懼，重新審視關羽其人，解讀出了不一樣的精神。

人們希望成為關羽那樣的人，希望周邊的人也和他一樣永遠值得信賴，希望財運亨通，希望冥冥之中受到他的保護。渴望當然很難成為現實，但人們不約而同地相信，只要曾經有過這樣一個人，那樣的精神便是可以實現的。

05 歷來戰爭時，普通人的選擇都是怎樣的？

攻城拔寨，歷來以攻打城池為主。只要占據城市，就等於控制了樞紐。因此，凡大軍來襲，城市居民，無論貧富，往往不約而同地選擇去鄉下避難。

清代，一個名叫沈梓的學者就親身經歷了太平軍攻打江南的過程。當時謠言四起，情況已經很緊急，百姓能跑的都跑了。他的左右鄰里，凡有家室的幾乎都跑到了鄉下。那些沒有家室拖累的，還想著守著自己的房子，於是「朝出暮歸」，白天也是要跑到郊外去躲著，晚上回家睡。但也有人因為恐懼流言，索性上吊自殺。

發生戰爭時，城裡人跑到鄉下老家或親戚家避難是常見的事，而且並非只有古中國如此。

《悠悠長假》（*Les Grandes Grandes Vacances*）是根據真人真事改編的動畫，講述了第二次世界大戰時，德軍占領法國，一對小兄妹被迫留在鄉下奶奶家度過了一個悠長暑假的故事。日本電影《生存家族》，則是虛擬了一種奇怪的狀況，突然之間，世上所有的電氣設備都無法使用。鈴木一家決定逃離城市，回到農村生活。

這是因為災難發生時，城市是很容易癱瘓的，危險係數也高。跑到鄉下去，人群分散開來，活下來的機會就更多。

然而，沒有親人在鄉間的人該怎麼辦呢？

沈梓見到一群漂泊無依的市民，他們沒有可去的地方，又不能待在城市等死，於是躲在船上，「坐舟中一月餘」。太平軍打杭州時，杭州百姓聽到消息後立即倉皇出走。此時，只有東南角的鳳山門和候潮門能出去，人推人，人擠人。男人挑著輜重，女人裹著小腳走不動，怎麼辦呢？

這就出現了一類在緊急情況下賣命賺錢的腳夫。多數腳夫原先也是幹苦力的，和駱駝祥子一樣，平時活不多，此時卻成了極為稀缺的人力資源。那些富家的太太、小姐，雇腳夫挑出城去，價錢為「五六元或三四元不等」，是杭州職業人兩、三個月的工錢。而且此時也不是原先先享受再付錢的行市了，雇人幹活兒必須要先給錢才行。到了城門外，腳夫便不挑了，把人一扔就回去挑新的人。

富人被如此狠宰，窮人就更沒辦法了。窮人自力更生，男人挑輜重，老婆挑小孩。清末的許多照片裡，都有類似的逃難情形。有人沒妻子，也沒孩子，只能抱著老娘跑。

人們蜂擁出城，擁擠的程度比春運還厲害，腳尖抵著別人的腳跟。好不容易挨出了城，還得想辦法過江。問題還是短時間內的資源不足，船少，人多，船家要價更貴。即便是有錢人，通常也坐不上船。大部分人被堵在岸邊，叫天天不應，叫地地不靈。此時好巧不巧地下起了大雨，回首望，城門關了（準備打仗），轉頭看，難民一個個全身濕透，面如死灰，凍得瑟瑟發抖，不知道接下來會發生什麼。而僥倖上了船的人也不能高興得太早，大風刮得小船搖搖晃晃，有的船直接被大浪掀翻，淹死了不少人，連船家也未能倖免。

危急關頭，謠言又來了。

謠言能夠傳播，是因為它的內容符合人們內心的期待，不管這種期待是樂觀還是恐懼。比如「長毛（太平軍）殺過來了，見人就砍」，甫一傳播，人們便如驚弓之鳥倉皇逃跑，一時間，江邊擁擠不堪，人群幾番瘋跑、躲避，導致了嚴重的踩踏事故。計死於踐踏者半（六成死者中占一半），死於江濤者十之二，死於困頓者十之一，而安穩渡江者則僅十之四耳。過江的死亡率高達六成，但過了江，也只是千里逃難的第一步。

長途逃難，九死一生，與家人失散的情況數不勝數。逃難的人也是要吃飯的，是要覓食的。有的男人出去覓食，女人帶著孩子，等不到他回來。突然間，人群出現喧嘩，緊接著就開始瘋跑，女人被人群裹挾著，跑丟了，孩子也被亂腳踩死了，找男人又找不到，只好一路等一路打聽，各自為生。所謂各自為生，其實伴隨著被拐的命運。至於失散的老人和兒童，幾乎都會被餓死。

實際上，江南地區人民對太平軍的恐懼，是輿論宣傳的結果，清朝官府也下場參與謠言傳播，說太平軍見人就殺。但其實太平軍的軍紀是很嚴明的，即便是據清代的記載，「賊（太平軍）禁姦淫甚嚴，其黨皆不敢犯，故婦女無逼迫難已之情，因為激烈可傳之行」，他們絕不容許士兵姦淫婦女，以至於事後清朝官方想寫貞潔烈女傳，都找不到具體事例。江南百姓因為謠言和恐慌而自殺的占絕大多數，反而真正死於太平軍之手的很少。有些女人之死，恰恰是因為丈夫要自殺殉難，於是也被逼著上吊。

歷史上，大部分戰爭中的作戰雙方軍紀都不甚嚴明，雙方都有燒殺淫虐的情況。因為無法逃難，或主動留下來，待城破之時，組織巷戰展開反攻的也大有人在。

明末江陰城防組織者閻應元，曾率領城內軍民抵抗清軍八十一天。城破之後，城內民眾幾乎全部殉難。只是，士民熱血，無法彌補君臣失措、軍鎮推諉所帶來的巨大危機。

面對巨大的危機，普通人想要活下去，逃亡是無可厚非的。

但是，對許多人來說，面對敵人發動的不義之戰時，抵禦外侮，保衛家園，是他們的理想。無數不甘忍受侵略的仁人志士行動起來，參加軍隊，保家衛國。一些逃難中被抓了壯丁的男丁，在明白這場戰爭的意義後，也會振臂高呼：「我們要保衛國家！」

戰爭過後，人口急劇減少，大量的土地閒置，有的地方甚至出現一千里內沒有人煙的情況。於是，新一輪的分配開始了。統治者把沒有遭受戰爭破壞的地方的人口，遷徙到適合生活的無人區，給他們土地，免上三年或十年的稅，迎接嬰兒潮的到來。

原本流亡在外的城市人口，會很快回流到城市。有的城市全城被屠，本地人已經非常少，便有曾經在這裡住過的外地人或鄰近省分的人填充進來。揚州十日後，回來的多是原先在揚州做生意的安徽商人。四川千里赤土，則由湖北、湖南等地的人口填充。

過了二、三十年，城市與鄉村都會恢復往日的活力，社會重新繁榮。一代又一代的人，將文明延續下去。

06 城破後為什麼會選擇屠城？投降和被俘的百姓結局如何？

梁襄王（又稱魏襄王）是先秦時期魏國的守成之君，只是外表給人很猥瑣的感覺，並不像一個君主該有的樣子。他在位時，列強環伺，西有大秦，南有大楚，東有宋、齊，兩翼是韓國，兼有數個小國。

但就是這樣一個「望之不似人君」的君主，猥瑣經營二十餘年，竟使魏國的版圖有增無減，向南擴充了不少。

梁襄王採取的生存策略，其實就是我們現在常說的「苟且」。當時的魏國，就和近代的義大利一樣，雖然戰力稀鬆，卻因為策略得當而使得國運風生水起。強國欺負人，它便跟在強國後面。

梁襄王本身又是一副傻子的模樣，使周邊列強誤以為他是個完全沒有威脅的人，對他充滿了鄙夷。但實際上他也是有雄心壯志的，譬如他曾當面向孟子請教「天下如何能平定」的問題。他在冷場很久後卒然問話，把孟子嚇了一跳。

孟子說：「定於一（要統一）。」

梁王又問：「誰能統一？」

孟子回答說：「不嗜殺人者能一之。」

顯然，短期內看，孟子的論斷和事實嚴重不符。諸侯國爭霸的最終勝利者，正是以殺人見長的秦。

秦以強大的動員能力和作戰能力橫掃六國。伊闕之戰，斬首二十四萬人；華陽之戰，斬首十五萬人；長平之戰，坑殺四十五萬名降卒。滅國時的其他殺戮行為更是不計其數，終於使得「六王畢，四海一」，完成了天下統一的大業。這還叫「不嗜殺人者能一之」嗎？恰恰是反過來的，「嗜好殺人者能一之」。

然而，「不嗜殺人者能一之」，似乎是指更為宏偉的目標，而不在於數戰、一世的短暫得失。

秦軍殺人太多，成功統一天下後法令持續嚴苛，執行上層層加碼，對六國遺民也沒有什麼善意，獲得了「暴秦」的稱號，引起各國強烈反感。秦國起兵的名義，是各國或多或少都有對不起它的地方（當然最主要還是秦國對不起各國）。然而，楚國卻是相當無辜的，即便秦王設計讓楚懷王赴約吃席。楚懷王明知有詐，還是去了，最終果然死在秦國。

國君無罪而受辱，讓楚國人破釜沉舟，同仇敵愾。

楚霸王項羽，為人仗義，講究私人情誼，但也非常殘暴，幾乎完全不體恤百姓。招降章邯後，他一舉坑殺了秦國二十萬名降兵，進軍關中。當時劉邦已經占領了咸陽，而項羽並沒有聽從謀士范增的建議，在鴻門宴上殺了劉邦這個心腹之患，反而在事後對咸陽百姓進行屠殺，還殺了秦王子嬰，焚燒了秦國的宮殿。

與之形成鮮明對比的正是劉邦，這個人平日裡貪財好色，但入關後卻一反常態，「財物無所取，婦女無所幸」。這意味著什麼呢？在范增看來，「其志不在小」，而在「大」。證本應殺人如麻的統帥，不去殺人，反而安民，意味著這個人開始重視民心，要文治了。證明他已經將關中百姓視為自己的子民了。態度的轉變，其實就是策略的轉變。劉邦的思維是清晰的，他明白自己現在必須要從一個肆意殺戮的軍閥，變成有「天子之氣」的仁君，現在樹立威望，是在為未來做打算。

然而，項羽不管那些，依然選擇了血腥屠城。如此幾番，各地官紳士民到底會歡迎誰呢？

自然是劉邦。

漢朝是在劉邦實施仁政的基礎上建立的，但後世的許多朝代，卻依然是透過血腥殺戮取得土地，這或許情有可原。只不過，人們很容易忽略「屠城」策略與「立朝」策略的時間節點。

通常，大混亂時期往往伴隨著血腥殺戮，而統治者一旦站穩腳跟，就必須扭轉策略開始安民，即便是清軍南下時也是如此的。

戰爭期間，生產力遭到嚴重破壞，數以萬計的士兵需要吃飯，需要發餉。已經占領的區域要休養生息，恢復生產。決策者就只能將攻城掠地與及時的獎賞連結在一起，以鼓舞士氣。故而攻破一座對方的城池，就任憑士卒燒殺搶掠。

屠城的軍隊往往要經過數天的血洗才肯收手，騎著高頭大馬的兵卒按部封鎖街道，逐家敲門要錢，給多給少都可以。但是，很快的他們就不滿足於這一點收益，演變成了抓人要錢。他們只要遇見人，就索要金錢寶貝，讓人獻上令其滿意的金額，否則就會揮刀砍人。

《揚州十日記》作者王秀楚家是中產階級，他把錢藏在不同地方。但被敲詐了多次後也沒錢了，所幸他活到了清軍封刀之日。只是他的家人離散在城中，被殺死了一半。

在嘉定，清兵每遇見一人，都要拿刀逼迫，大喊「蠻子獻寶」，人們將盤纏全拿出，方才滿意。如果所獻不多，「輒砍三刀」。如此幾次，「至物盡則殺」。因此，依然只有一小部分人能在為期一週到十天的屠城中活下來。

屠城，是士兵自我獎賞的一種手段，某種程度上提高了軍隊作戰的積極性。因此，如果將帥發兵不是為了安民，只是要完成攻城的戰略目標，屠城就在所難免。即便是所謂的「王師收復故地」，在朝廷也發布了禁止屠殺令的情況下，有時候依然會出現殺掠，這關乎當時軍隊的號令嚴否。

普通士兵當然也有心善者，不願意濫殺無辜。但這樣的搶掠，能讓人短時間內發家致富，萬倍的利益使人瘋狂，多數士兵開始隨波逐流。事後，官與兵往往都對這段歷史諱莫如深。

如果屠城是既定策略，那麼城中的居民不管是因恐懼而示好，還是頑抗到底，都不能免於屠戮。

當時，王秀楚和鄰里商議組成一支「喜迎王師（清軍）」啦啦隊，表示臣服，但這招並不管用。民間自然也有英勇抗爭者，如秀才高孝纘、王士琇、王纘、王績、王續，武生戴之藩，醫師陳天拔，畫家陸愉義，市民馮應昌，船夫徐某，等等。至於婦女，總不免被逼淫，不少都在混亂中死掉了。

居民的財產被搜刮殆盡，已經沒有可榨取的資源了，新朝的文官就會就任。這時候，清朝已經將揚州納入了統治範圍，便不允許士兵再有那樣殘暴的行徑了。只是，各地官員漠視百姓利益，引起了百姓激烈的反抗，治理地方的開銷更大。這使統治者意識到應當緩和與百姓的關係，而不是一味鎮壓，為此頒布了一系列利民的法令。

戰亂時，許多人機智地躲進深山裡，在高崗積蓄大量糧食，設置堅固的堡壘，保全了性命。但因為所在地人跡罕至，所以經濟不好，安居者的後代難免生活在貧困中。

很多人疑惑，為什麼深山裡會有村莊？為什麼這幫人會選擇生活在那種鳥不拉屎的地方？他們怎麼不生活在城裡？幾十年的和平，就讓人有這樣的困惑，可見和平是來之不易的，這更提醒我們應當珍惜當下的生活。

07 中國人種菜的天賦是怎麼養成的？

在中國，農家房前屋後，大小道路的旁邊，以至於山地丘陵，凡有土壤的地方，都有菜。城鎮中一些管理不嚴的社區，人們也無孔不入地展現自己種菜的天賦。倘使一條路沒人走，長了荒草，人們也由不得荒草肆意生長，必須在土地上耕耘一番，種上菜。從北疆的歸化城，到比天涯海角更南的人工島，從村民二組，到維和部隊，只要是有中國人的地方，都有菜的影子。可以說，種菜就是中國人的「天賦」。

中國人種菜的愛好，是有悠久歷史的。不僅是農家子弟，達官貴人也很癡迷種菜。明末南京錦衣衛指揮使、懷遠侯常延齡，就曾與夫人徐氏在金陵別墅種菜。就連皇帝也染上了動不動就想種菜的毛病，而且一直傳承到了清代。奉宸苑是內務府主管種菜的機構，種菜的地點正是皇家園林。譬如暢春園設有「種菜」一職，設園頭一名，管理著五十八名種菜小能手，「隨時繳納鮮菜及製造諸蔬品」。

明明蔬菜可以花錢買到，尤其是皇帝，並不可能缺菜吃，怎麼非要由自家來種呢？

許多人說這是因為根深柢固的「農本思想」，中國人做什麼都不會忘記務農。沒錯，種菜正是「農本思想」中「糧食乃第一要務」的體現。對人們來說，米、粟、麥、豆自然重要，但誰也受不了一日兩餐、三餐完全沒有蔬菜可吃。就算是窮到家了，只能吃鹹菜，但鹹菜從哪裡來呢？還是得種。

作為襄贊主糧最為重要的輔臣，蔬菜絕對不能缺席。但這樣「君臣佐使」中「臣」的地位，也使蔬菜不可能占據最主要的位置。也就是說，蔬菜不能霸占主糧所擁有的廣袤田野，只能退而求其次，被種在田間地頭，如荒地、自留地、院內及房前屋後。

俗話說，凡事都有例外，古人對於種菜的熱情也有例外。南宋時，滇、蜀兩地的百姓得益於大自然豐饒的饋贈，並不怎麼愛種菜，專愛跑去山上採蕈菇。尤其是夏秋時節，經常出現犯精神病的人。他們不是哭，就是笑，其實就是吃了毒蘑菇產生了幻覺。

當時，狀元王十朋在那裡當官，深知毒蘑菇害人不淺，專門告誡百姓：「這東西斷不可吃。」又耐心教導，「爾農民何不勤力種菜，四時無缺」。許多人聽話了，果然開始種菜。但有些不知變通的人卻把王狀元的勸告當成耳旁風，繼續吃野生蕈菇，繼續中毒。亂吃野生蕈菇的風氣傳到了現代，九百年過去了，還是有許多人「不知悔改」，可能是因為野生的蕈菇確實很好吃吧。

種菜的目的，是「四時無缺」，一旦無缺，就不需要再種。這也表示很多時候人們是「有缺」的，菜品供應是得不到保障的。種菜是僅次於種糧的第二件要事，年長的人無不居安思危，深知只有手裡握著的東西才是最靠得住的。他們幹了一輩子農活，又實在閒不下來，遇見一塊地，便忍不住開始耕耘。

由於古人很有種菜天賦，歷史上產生了大量精通農業的農家，寫出了很多具總結性質的種菜指導用書。

北魏賈思勰《齊民要術》第三卷，就詳細指導了人們如何種菜。其中包括很多細節，如土質需要達到的要求，以及如何達到這些要求，幾月開始播種，一畝地要用的種子體積（因為種子水分不一，所以一般都用體積算），要不要澆水，澆到什麼程度，要不要鋤地，如何收穫，如何積蓄，如何長時間保存種子，等等。由於類似的大量圖書記載，加上農民祖祖輩輩口傳親授經驗，種菜天賦因此薪火相傳，經久不衰。

如果一些時候天災人禍不斷，百姓自種已無可能，便有《救荒本草》、《野菜博錄》指導人們什麼野菜能吃，具體怎麼找；樹木的什麼位置能吃，具體怎麼吃。這些知識還會由縣令改成順口溜發布，幫助人們度過難關。故而，中國人是有找野菜的習慣的。

現在絕大多數人已經不務農。有些缺乏常識的孩子，還會以為西瓜是從超市裡長出來的。但是即便經過學習，看了許多博物畫本，很多人也從未熟悉過泥土的芬芳。

人們的危機感，更多是從搶購開始的。當囤積物資已經不能解決吃飯焦慮時，人們便紛紛學習如何在陽臺上種菜。一旦開始種菜，人們很快就發現陽臺確實太小了，種的蔬菜根本不夠一家人日常所需，還是從超市購買更加方便。

種菜顯然不是一件很容易的事，它費心費力，且所得有時節性。時而過多，時而過少。就是在房前屋後種著蔬菜的農民，也常常感慨這樣種菜很費勁，還不如買著划算。

因此，將種菜規模化，確保運輸與供應，就很有必要了，挑戰也是很大的。好在，我們現在已經擁有四時供應蔬菜的種植基地，最重要的就是確保物流的持續暢通。

種菜雖然不易，但其實是最輕快的農活了，也算有法可依。先人已將種菜的技巧進行了詳細的文字說明，又有專業院校進行傳承和研究。世上依然存在許多菜農，人們也有各類方便的學習管道，想要上手很容易。俗云，嚼得菜根，百事可做。又曰，衣食足而後知榮辱。手中有糧，也有菜，就可以進退有據，心裡不慌。

08 古代的一兩銀子相當於今天多少錢？

明清小說裡，官人動不動就拿出數兩、數十兩銀錢打發下人，窮人卻只拿三文錢買饅頭，讓人們很疑惑：古代的一兩銀子，到底折合現在多少錢？民國初年的一個大洋（即銀圓）等於現在的多少錢呢？

以往的研究中，要麼將銀兩折合當時的米價，要麼折合日用品價格，有的折合官員工資，換算起來非常麻煩，給人一種雲裡霧裡的感覺。況且這樣換算也是不對的。古代，米價動盪不定，其他物價，因為生產、物流與現今有著本質的不同，也不能得出可靠的結論。

我的意見是，在評價古代物價時，絕對不能脫離群眾，只參考民間上層收入，如巡撫、縣令、山長、舉子來做定奪，也不能僅靠物價衡量。

我在閱讀古書時，會用一個非常簡單粗暴，但是直接有效的方法，即古時城鎮底層工人、百姓勉強維持溫飽的月收入（銀兩、文錢、布帛、銀圓）＝現今城鎮底層工人、百姓勉強維持溫飽的月收入（人民幣）。

依據這一點，我們甚至能算出任意兩個時代、兩個地方的物價，並分析它們給人的感覺上的不同。

譬如動盪年代，一斗米的價格從五十文變成了五百文，而工人一天的收入和以前一樣，都是三十文，則證明當時的物價水準下，是糧食價格飆升，而不是工資太低。

又如，一名阿富汗員工的工資約為四千五百阿富汗尼，煤炭的價格卻是一噸一萬四千阿富汗尼，一袋五十公斤的麵粉兩千四百阿富汗尼，一桶十四公升的食用油一千八百阿富汗尼。

這對生活在二〇二〇年的中國百姓來說，感覺上就是一噸煤居然要兩萬元人民幣，一袋麵粉居然要三千多元人民幣，一桶油兩千多元人民幣。對比之下，中國十四公升的食用油是兩百多元人民幣，五十公斤的麵粉為五百元人民幣。阿富汗百姓在戰後之窮困潦倒，連高級職員都買不起取暖用的煤炭，當地物價之高也就可想而知了。

民國初年，清華外國教授狄登邁調查了北京普通居民的收入。其中一九一八年，北京最底層居民的收入是每月一．六六大洋。與之相比的是北京段公館中的佣人，還有在工地幹活的工人、飯店的夥計，月收入約合兩塊大洋。

於是，我們大致可以得出這樣的結論：一九一八年的兩塊大洋，約等於二〇一七年的三千元人民幣，即一塊大洋等於一千五百元人民幣。

但如果用米價折合，得出來的結論卻是一個大洋等於如今的三百元人民幣左右，用肉價來算，則為八百元人民幣。顯然這樣換算出來的結果是不對的，得出的結論也很離譜。要知道，民國初年的北京，兩塊大洋能請一桌大席，並不真的代表只用幾百元人民幣就能請一桌，那一桌大席的價格，實則等於社會底層職員一個月的薪水，放現在來講就是幾千元人民幣。

底層職員的薪水，全國及各地均有統計。我們應選取同等級內較低收入者（社會生產服務和生活服務人員、生產製造有關人員中的較低收入者）的收入眾數，而不是按平均數去算。

二十世紀末，中國的農業快速進入了機械化時代，人們所付出的勞動和開銷相較於以前為少，畝產卻數倍於前。古今各種肉禽、肉豬的養殖規模，也同樣不能相提並論。較為恆定的，只有底層勞動者的勞動價值。因此，只要找出當時普遍的工資，與現代的工資一對比，就能得出一個相對可靠的結論。也能反過來檢驗當時某樣東西的貴賤，以及給人的具體觀感。

民國初年，八百銀圓可以買北京的一套房，折合為二〇一七年的一百二十多萬元人民幣。魯迅買幾百坪的宅院花了三千六十五塊大洋，約合二〇一七年的五百六十萬元人民幣（並非有些人說的四十五萬元人民幣）。這表示當時北京的房子並不便宜。

以此類推，貨幣價值未曾劇烈動盪過的一九二五年前的民國，一塊大洋約等於一九三〇年的八塊大洋，一九八〇年的十五元人民幣，一九九〇年的五十元人民幣，二〇〇〇年的三百五十元人民幣，二〇一〇年的九百元人民幣，二〇一七年的一千五百元人民幣。

有不少人懷念一九八〇年代的物價，說當時半公斤的排骨才六毛錢，肉餅一個五分錢。這是典型的以為用現在的金錢就能購買以前的物品的想法。實際上，對當時的普通百姓來說，這些東西並不算便宜。底層工人一個月的收入才多少錢呢？當時肉餅的價值，其實等於現在的五元，半公斤排骨等於現在的六十元。上館子吃頓好的所需要的三元，實際上等於現今的三百元。對工薪階層來說，還是有點心疼的。

同樣地，用底層工人、縣民的月收入與現今的比例，可以直接得出某個東西到底貴不貴的結論。

舉例來說，清代某些時期，某地縣民、小工的月薪大略為一兩四錢，也有才得八錢的。而京城及其他重要城市的僕役、雜工、服務人員，月薪為二兩，《紅樓夢》裡比較熟練的丫鬟也是這個收入。這就是說，古人月收入二兩銀，事實上等於一九八〇年的三十元人民幣，二〇〇〇年的七百元人民幣，二〇一七年的三千元人民幣。

康熙年間，一些地方的肉價維持在三分錢左右，即五百九十公克為〇·〇三兩白銀。根據底層的月收入換算，則等於二〇一七年的三十八元人民幣。這表示康熙時期民間豬肉的價格較低，但這個價格，即便是對現代城裡的普通居民來說也有點高，近年來豬肉價格最高時也沒太超過這個數字。

半公斤豬肉一般在十幾元人民幣，二〇二〇年，我在北京生活，由於疫情影響外加生豬存欄量減少等因素，使得豬肉價格變成了半公斤三十三元人民幣。此時，我就聽到北京大媽叫苦不迭，說也就買一丁點，放菜裡嚐嚐肉味，並捨不得多買。更不要說如果漲到三十八元人民幣會怎樣了。

鹽，在古代的製作、運輸，都比現在費勁很多，而且是專賣的。清代末年和民國初年，一些內陸地區鹽的價格大略為半公斤五分錢，也就是〇·〇五兩，約合二〇一八年的七十五元人民幣。生活在現代的你，敢想像半公斤鹽要七十五元人民幣嗎？是不是有點離譜呢？

其實不離譜。

這種並不算離譜的狀況，從古時一直持續到民國初年。朝廷本身就是用鹽開稅的，鹽本來就是高價物品，加上山區運輸困難，內地用鹽就更加困難了。

至於北宋底層的百姓，日收入一百文，月收入三千文（三貫）。待遇中等的士兵，平均一天能拿一百三十文。城裡的小吃每份十五文，也就是現在的十五元人民幣左右，這是雞雜湯的價格。而蔬菜造齏（註：把蔬菜的莖葉切細，再加鹽或其他調味料）每碗十文，也就是現在的十元人民幣左右。這表示宋代社會繁榮的時候，民間普通人的生活水準確實較好，大家比較能買得起東西。

明清時期，民工的日收入因為行市的不同，最低可以到三十文，高的到兩百文。清代，民間常用銅錢結算，一千文折合一兩。後來文錢貶值，一兩銀子兌一千七、八百文。工人的收入看似也在上漲，但真的是在上漲嗎？其實只是因為對外賠款太多，且必須用白銀結算，銅錢相較於白銀，漸漸變得不值錢了。

需要注意的是，對比時我們用的是城鎮工資，而非農民的收入。這是因為農民身為最辛勞的群體，收入是很難有保障的。

一九八〇年代以前，中國城鎮工人月收入三十元人民幣，農民年收入才六十元人民幣，合一個月五元人民幣，也就相當於現在月收入五百元人民幣，而且是普遍現象。農民需要幹更多活，變賣剩餘糧食，換個幾十塊錢，再去換取相較昂貴的工業產品，此謂之「剪刀差」，實際上是由農村補貼城市。

古時農民與市民的生活水準差別更大，收入如此之低，消費如此之高，農民生活上的艱難可想而知。對他們來說，所謂豬肉半公斤三分錢，在現今城市普通職工看來，就是半公斤一百五十元人民幣。豬肉價格對農民來說貴到這種程度，他們一年到頭捨不得吃一回肉，也就可以理解了。

當今社會與古代社會，普通人日常開銷的不同，主要體現在工業、科技產品上。以前幾十元、數百元的東西，現今幾元、十幾元，曾經昂貴的必需品，如今變得便宜易得。科技使人類的生活品質產生了飛躍，為人們提供了無限可能。社會的穩定，也為人們提供了足夠的保障，使人們免於飢餓和恐懼。

09 賣炭翁伐薪燒炭，收入微薄，為什麼不開店賣東西呢？

明萬曆三十四年（一六〇六年）的夏天，一個自稱有精神病的農民，手持一根木棍，徑直闖入了東宮。

皇宮乃禁城，守備森嚴，但一路上竟無人阻攔。他拿著木棍，走過護城河，進入東華門，抵達東宮門口，才被兩個老太監攔住。

老太監問他是幹什麼的，他不說話，竟直接將太監打倒，闊步踏上臺階，闖了進去。宮裡頭的管事太監見來了個歹徒，驚呼之下，才有七、八個聞訊趕來的老太監把人給控制住了。

宮人經過審訊得知，此人是京城附近薊州一個普通農民，名叫張差。他之所以闖宮，是受人唆使，要殺死住在東宮裡的太子。指派他殺太子的是誰，據說查無實證。

實際上正是鄭貴妃手底下的太監龐保、劉成。鄭貴妃想讓自己的兒子當儲君，而殺死現在的儲君，她的兒子就能上位了。鄭貴妃深受皇帝寵愛，財力雄厚，出手闊綽，不知道給龐保、劉成撥了多少經費，然而到了最後，兩名公公許給張差的，卻只有三十多畝地和一頓飯。

事情最終以張差、龐保、劉成被殺而結束，主謀鄭貴妃卻因為皇帝保護而毫髮無損。然而，這件事帶給我們的是更多的思考。

歷代的君主為了穩固統治，都會極力地防止土地兼併。然而，帝王是與大地主、士紳合作治理國家的，只要風頭一過，兼併照舊進行。財富往極少數人身上集中，百姓就只能喝西北風，張差就是個喝西北風的。

對帝國晚期的百姓來說，種地的辛苦姑且不論，最淒慘的是混到最後居然沒有地。因此，有地可種已經是很幸福的一件事了。

張差就是典型的失地農民，因為沒了地，只好上山砍柴再拉到京城賣。有一天，他挑著柴火，被太監李自強、李萬倉攔住，逼著他以低價出售柴火。他不樂意，兩位太監也「豪爽」，索性不要了，直接放一把火把柴給燒了。

張差殺太子無果，被抓後謊稱投訴無門，才到東宮鬧事。但實際上，他是不得已忍下了這口惡氣，柴沒了，還是要繼續賣力賺錢，最終跑到皇家的鐵瓦殿工程出力。他力氣大，因此被龐老公（龐保）認識，還被龐老公的一頓飯騙去，相信只要完成殺太子的任務，就能拿到屬於自己的幾十畝地。

土地兼併，就是這樣讓一個愣頭愣腦的失地農民「喪心病狂」，竟膽敢闖宮殺太子。

土地兼併所引發的災難不止這些。

我們可以看出，當時皇宮的守衛已經很虛弱了，尤其是不受待見的東宮，之所以農民張差闖宮時連個像樣的守衛都沒有，原因也在這裡。

經濟持續低迷的時候，由國家給工資的工作，就是最像樣的差事。人人爭著去做，成為編內人員，哪怕是太監也行。有的靠實力通過考核，有的則透過各種途徑，歷經層層篩選獲得職務，不過多數人還是走後門進去的。

太監入職的門檻極低，內部競爭非常激烈。努力當了主事太監的人，實際上並不願意多做事。拚命擠上來，是為了更好地「躺平」。

因此，整個社會都出現了奇怪的現象，不僅各級各地的官吏希望領錢而不做事，各軍屯衛所的大小官兵，都想吃空餉，連太監也是這麼想的。

一些年輕的太監，占著主要位置，領著不錯的餉銀，貪墨不少的銀子。其他人只能餓著，這幫占據了位置的太監則能偷懶就偷懶，索性不上班，跑到外面狐假虎威，大肆斂財。只留下一幫尚有帝國強盛時期遺風，且跑不太動的老太監在宮裡老實度日。

抓住張差的老太監就是這樣的，他們的年紀都超過了六十歲。我們都知道白居易的〈賣炭翁〉，寫唐代宮市之弊。黃衣使者白衫兒，正是內宮中使，也就是宦官，後來被稱作太監。其實與明代六十歲以下的太監差不多，這幫人實際上吃空餉，不上班，卻經常「辦公」。他們遊走在京城的大街小巷，肆意敲詐商販和百姓。這名唐代的賣炭翁，也和明代的張差一樣，是失了地的農民，只好砍柴燒炭，到城市出賣。

他「滿面塵灰煙火色，兩鬢蒼蒼十指黑」，天氣還有點暖和，炭很便宜，心想著再冷一些就好了。結果卻被兩個騎著高頭大馬的太監發現，當場宣讀詔書，說皇帝要買他的炭。

實際上，就是太監借著宮市的名義明搶，搶來貨物以後再倒賣或真的充公，充公的貨物按市價計費，錢財中飽私囊。一車炭一千多斤，他們就給了賣炭翁半匹紅紗一丈綾。這相當於有人相中了你的手機，決定收走，給你五元做補償。

這種近乎搶劫的貿易，嚴重地干擾了市場秩序。為了躲他們，商戶「皆匿名深居」。後來他們連賣燒餅的都不放過，強徵人家的燒餅。所以，一有人喊「中使來了」，人們便如臨大敵，立即關門歇業。

賣炭翁失去了土地，最基本的固定收入都沒了，賣的炭又被人搶，連這點生意都做不成了，只好開始要飯。久而久之，賣炭翁就成了流蕩在社會上的失業人口，也就是流民，未來起義軍的主力。

我們知道，古代有一半的時間是太平年代，這其中又有一半時間處於太平盛世，商品經濟極為發達。

橋門市井，萬般買賣皆有。據宋代《東京夢華錄》的記載，僅六月間，汴梁街上的小吃，就有大小米水飯、炙肉、乾脯、萵苣筍、芥辣瓜兒、義塘甜瓜、衛州白桃、南京金桃、水鵝梨、金杏、小瑤李子、紅菱、沙角兒、藥木瓜、水木瓜、冰雪、閔水荔枝膏等，通常在街邊販售，擺在床凳上，上有青布傘遮陽。另有沙糖菉豆、水晶皂兒、黃冷團子、雞頭穰、冰雪、細料餶飿兒、麻飲雞皮、細索涼粉、素簽、成串熟林檎、脂麻團子、江豆栗兒、羊肉小饅頭、龜兒沙餡之類五花八門的美食，種類絕對不比現在小吃街上的少。其餘商品，也都擺得琳琅滿目。

為什麼賣炭翁不做這樣的工作呢？因為他們身處不同的時代。

很多時候，城市的承載力是有限的。城市中所謂的「小本買賣」，實際上也是有本的，需要付出房租與物料。一月之內，少則數百文，多則數千文甚至幾十千文。做這些買賣的，一般是城鎮裡有些本錢的市民，而非破產農民。而即便是做這些買賣的市民，日子也不是很好過，時常要擔心「宮市」，或者大兵橫徵餉銀。

上級部門的安逸和腐敗，與普通百姓的困苦形成鮮明的對比。一方面，有人占著位置就是不幹活，山珍海味放到腐臭；另一方面，有人沿街要飯，餓死途中。

普通百姓的手裡是沒有錢的，他們的消費行為就變得十分謹慎。原先百姓會購買五花八門的享樂型商品，現在轉為只購買生活必需品。而炭，就是生活必需品。在所有人的消費都變得謹慎時，享樂型商品很難盈利，漸漸地相關生意就做不動了。但冬季時人們還是要取暖的，這就給了賣炭翁補貼家用的機會。

賣炭翁看似腦筋不靈，實則選擇了一條別無他法的正確道路。只是，這條正確的路卻依然有可能被人粗暴地打斷。

幾乎無可阻止的土地兼併與財富集中，使整個明帝國系統幾近癱瘓，只等或內或外的致命一擊，完成財富與地位的重新分配。

10 為什麼古代有的縣會有半數人打光棍、半數人守寡的情況？

齊宣王（西元前三五〇年到前三〇一年）時，某天齊國老藝術家犢沐子正背著柴走路，突然碰見一公一母兩隻野雞在他面前秀恩愛。他很憤怒地罵了幾句，仰天長歎：「連鳥都有妻子，我卻沒有！」援琴而歌以自傷，名為〈雉朝飛操〉。

其實，像犢沐子這樣的老光棍，在古代絕不是少數。

齊桓公（不詳至西元前六四三年）曾去農村微服私訪，見到一名老頭，便問：「你是不是老光棍啊？」

「不是！我有三個兒子呢。」

「為什麼你家裡沒有別人啊？你的兒子都到哪裡去了啊？」

「出去打工了。」

「那他們都成家了嗎？」

「當然沒有啊！正是因為娶不到妻子，才出去打工。要不出去打工，就沒有錢，沒有錢，就娶不到妻子。為了娶妻，所以才打工。」

齊桓公聽後很傷心，回去問管仲怎麼辦。

管仲說：「臣聞之，上有積財則民臣必匱乏於下，宮中有怨女則有老而無妻者。」指出這世上若有一部分人妻妾成群，就有另一部分人單身的事實。齊桓公頓悟，把部分宮女放了出去，以緩解普通群眾結婚的壓力。

然而，君王後宮裡的宮女，也就幾百、數千人，就算是上萬人，也僅能解決一小部分婚嫁問題。問題的根源在於，社會上永遠都會出現婚姻擠壓現象。

所謂婚姻擠壓是這樣的：女性外嫁，則必然會找物質條件好的地方，逃離很貧苦的地方，即所謂「上流」、「上跨」，此之謂「梯度擠壓」，是人之常情；貧窮地方的女性數量較少，男性數量較多，男方需要付出高額彩禮，男方家庭受到女方家庭的「性別擠壓」。本地區富裕者對經濟困難人士，則有「競爭擠壓」。

造成婚姻困境的原因很多，但主要就是婚姻擠壓及貴男賤女習俗。

明清時期，許多地方的男女比例到了驚人的二比一。即便不出現擠壓情況，也有至少一半的男性要打光棍。之所以有人說古代男人都有三妻四妾，是錯誤地理解了多數人的身分。無妻者多貧困，並沒有發聲管道，也就沒有後代，留不下太多歷史痕跡，隨著時間的流逝，就連聲音也消失了。

許多時候，女家嫁女可以向男方索取高額的彩禮，那麼，生女豈不是得利很多？為什麼古人依然不願意要女兒呢？

明萬曆年間，浙江蘭溪知縣莊起元在《上李按台初入境條議》中指出：「縉紳之家，重於嫁女；編氓之室，艱於娶婦。往往不願生女而願生男，取始生之女多溺之於水。」家庭條件稍好的，嫁女兒非常愛面子，會花大量金錢在不必要的地方。普通民戶更是喜歡向上比較，妝奩花費相當高昂。而男方則要依據對方給出的嫁妝來付出更多彩禮。實際上造成了嚴重負擔，總不能說雙方都借貸結婚，是有一方得利的吧？

「詢之，謂嫁奩之捐費，遂至滅命以戕倫。」果不其然，為了置辦妝奩，要更多保障，雙方開始了資產競賽，理論上，被索要的巨額彩禮要進入女方家庭，而女方攜帶的嫁妝應當始終屬於自己，完成財富轉移。

但實際上，這整個婚嫁氛圍是不對的，由於這一系列過程是要花錢的，最終還是會落到具體的人身上。普通人根本負擔不起婚嫁的開銷，沒錢就要賒借，就會負債，有人索性不結婚，以至「金徿之門，無妻者半」。

在清代，甘肅的婚嫁費用尤其高昂。「軍貧者多無妻」，巡撫李昆核實各衛，得有數千個大齡光棍，於是資助他們，讓他們娶媳婦。

安徽的光棍也多，徽商程德容發家以後，考慮到「族多鰥，弗克構（媾）」，於是「移橐中裝為婚費，且使授室」。他把賺來的錢拿出來為族人娶妻，避免本族衰落。

與普通人婚姻困境相對的，是「士」這一階層妻妾成群的現象。

古時，官吏、官商、生員，通常都能娶兩到五個妻妾，有些富甲一方的大戶，可以娶十幾、幾十個妻妾。這種差異非常明顯，許多年前，我做某家族明清族譜時，突然看見有個人有五、六個老婆，這才注意到旁邊的備註，原來是個監生。

這種人在普通村莊並不常見，大略每三十年會出現一、兩個。足以見得，三妻四妾只不過是少部分人才會有的特權。現今實行的一夫一妻制，是在為普通的男性著想。

民間男多女少，無妻者半，但奇怪的是社會上依然出現了大量守寡的女性。

宋代以前，女性改嫁的現象還是很普遍的。然而南宋以後，人們的貞潔觀已然十分嚴苛。婚嫁過程中的高昂付出被視為「買斷」女人的未來，女人便是沒有自由的。社會對女人的規訓與要求越發嚴格，現在的人看了是有點無法理解的。

許多烈女和孤身養育孩子的寡婦，都會被載入史冊。而長壽寡婦，是獲得貞節牌坊最多的群體。

一般來講，富人婚姻中的男女，年齡是有差距的。有時候男方過世，女方也才二十七、八歲。有的則是丈夫在婚前去世，女孩一時糊塗，還沒過門也去守望門寡。青春漫長，這些女孩卻只能獨守空房，平時的工作就是侍奉別人的父母。

民間有寡婦撿豆子（或銅錢）的故事，這是因為婦女絕經前不能外出拋頭露面，相當於被房門隔離幾十年。她們平日裡極端苦悶，為了緩解憂鬱，便在夜裡撒一罐豆子，再把豆子一一撿起來。撿完了，精力也就消耗光了，就能睡著了。

寡婦的生活如此淒涼，旁人也不會因此放棄對她們的「嚴格要求」。社會風氣越是保守，人們就越能發揮邪惡的聯想。吃人的禮教，使全民出現了變態的情緒，將禮義廉恥，全都拋諸腦後。但現實卻不管那些，很多地方催生出「搶婚」的習俗。如浙江麗水的松陽縣，「雖其良族，亦率以搶婚為常事」。哪怕是遵紀守法的良善家族，也開始參與搶婚。明明是別人娶媳婦，有人半路上直接給搶過來，先把事辦了再說。這也是一些地方會在凌晨的時候悄無聲息、熄滅燈火送婚的原因。

為了從根本上整治搶婚的惡習，許多縣官會發布政令，嚴禁搶婚，也不允許民眾淹死女嬰。自然地，縣令們知道光靠嘴說沒用，除了懲辦違法者，還設立了「育嬰堂」。

此類育嬰堂在中國有很悠久的歷史，歷朝歷代都有設置，目的是收養大量被遺棄的女嬰，當然其中也有部分男嬰。育嬰堂的經費由官府撥給、士民捐贈，招聘「貧家婦之肥健有子，願為乳母者」當乳母。每月發六錢銀子作為基本工資，考核嬰兒的肥瘠來定績效。

三年之內，這些棄嬰聽任士民收養。和乳母產生感情的幼兒，可以讓乳母帶走。如果沒人收養，到五、六歲時，就依據小孩資質高下進行考試。聰慧的請蒙師教學，將來讀書、做官，回饋鄉里。女孩則學女紅針線，也教她們識字。最愚笨的那些，就在育嬰堂從事灑掃工作，長大了的女孩就嫁給平民。育嬰堂所要的聘禮不多，但也不少。錢歸堂中使用，設立會計，「凡男女之出入，銀錢收用以及日用纖悉之事，無不檢點」，確保育嬰堂的正常運轉。

如今社會發展到這個地步，人們也可以較為從容地選擇自己的生活。選擇更多，重要的是不使自己坐困自設的囹圄。畢竟青春一去不復返，人生最好是相見。

願有情人終成眷屬。

11 明清時期的婦女為什麼要裹小腳？

如今有不少人都見過裹小腳的老太太。她們是裹腳風氣最後一批受害者，這種風氣從宋代開始，至清末、民國初年，足足持續八百年，不知讓多少女人掉了多少眼淚。

裹小腳，一開始只是平民社會對上流社會不分良莠的拙劣模仿，是所謂「富貴下漸」、「舊時王謝堂前燕，飛入尋常百姓家」的另類體現，是惡習流行改變了部分人的審美觀。

大量的資料證明，北宋以前，人們幾乎看不到任何纏足的資訊。就連宋代人也說，「熙寧、元豐以前，人為者猶少」。北宋熙寧、元豐時期以前，裹小腳的人是極少的。但是，宋代中期以後，社會上就有了關於裹小腳的零星記載，而且這個時候裹小腳的，主要是貴族家的女眷。

這個時候，上流社會已經有了一些描寫小腳女性的詩文出現。到北宋末年的徽宗時期，以及南宋初期的高宗紹興年間，這項惡習才開始有些流行。但其實也只是在大城市的富貴階層流行，各地富家「人人效仿」，對女眷實施纏足。

這個看似「高雅」的風氣，很快就擴散到了各城市的中產之家，繼而像癌細胞一樣往平民中生活較好的階層，以及各縣城普通居民中擴散。到了南宋末年，裹小腳的惡習一度擴散到了北方邊遠地區，此時，就連鄉下普通人家也開始裹腳了。

那麼，女人到底為什麼要裹腳呢？

實際上，給女人裹腳，最初是富人炫耀財力，展現優越感的一種方式。它模仿了五代時南唐後主李煜的癖好，就類似於有些人喜歡大長腿、小蠻腰一樣，李煜喜歡小一點的腳，那些如花似玉的皇宮女眷，為了討好皇帝，主動動手給自己纏足。一開始並沒有嚴重地傷害身體，只是用綳帶把腳纏繞幾圈，好使腳顯得小一些。

「楚王好細腰，宮中多餓死」，南唐皇帝愛好小腳，妃嬪女眷開始纏足。隨著這種糜爛的風氣從宮廷擴散到京城貴族，再從貴族擴散到士人，又從士人擴散到平民階層。視女性如物的比較心態，就使得裹腳的風氣產生了顯而易見的變化。

至此，裹腳已經成了一件既不美觀，又不快樂的事，成了一種殘忍又漫長的惡習。

它所反映的，只是權力者對於「所屬物」的束縛與炫耀。

當然，後來的人們已經不知道為何要給女人裹腳了。只知道是女人就要裹腳，且裹得越小越好，否則真的很難嫁出去。女人的小腳，也從原先的四寸（十二公分左右），變成了三寸（九公分左右），甚至更短。而為了達到這一要求，便要對女人的腳進行慘無人道的迫害。骨折，正是纏足的後果之一。被故意壓制蜷曲扭到變形的腳掌，當然受不了這樣的摧殘，最終變成粽子大小的「蹄」，腳趾被死死壓在腳掌之下。小腳被裹得嚴嚴實實，卻極大地滿足了後來一些人的窺伺慾。在一些富庶省分的城市中心，貴人們會舉辦一年一度的比腳大賽，評選最佳小腳。這種行為其實是從古至今都有的戀足癖的一種，一些人並不會因為女人裹了小腳而改變這種愛好。

纏足的目的，最初就是貴族想要自家女人有一雙不能任勞的小腳。因此就絕不能等到女孩長大以後再說，在六、七歲就要行動，有的女孩則在五、六歲就開始裹腳了。隨著女孩的成長，腳本來應當變大，卻被裹住，痛脹不堪。這樣的痛苦會持續到女孩生長期結束。而緊迫的屈辱感，會伴隨她們一輩子。

李後主的妃嬪、宮娥主動裹腳，是出於邀寵的需要。但民間女子幾乎全都不是自願，在裹腳剛開始流行的時候，就遭到了許多有識之士的反對。

南宋學者車若水說：「女人裹腳不知道什麼時候興起來的，小孩子還沒到四、五歲，無辜無罪，卻要受這樣的苦。纏出個小腳來，不知道有什麼用！」兩宋之交的藏書家張邦基則直接開罵：「以前哪有人裹腳呢？反而是近些年來，人人效仿（裹腳），還笑話不裹的。」「恥笑」天足者下賤，已經成為當時人的心態。只是學者的反對，並不能阻止人們的效仿。在女性為物的前提下，裹腳恰好符合社會上人人爭做人上人的浮躁心態。

要知道，貴族歷來是以不從事任何勞作為榮的。因此，他們常常會有一些在普通人看起來非常奇怪的行為。譬如，古代貴族喜歡留很長很長的指甲，來證明自己從來不幹活。清末的時候，許多外國旅行家到中國拍攝，就拍到了各地士人、貴族的長指甲。他們不論男女，都將指甲留得非常長，有的甚至長達三十公分，有的平時還裹上金銀套子進行保護，以彰顯尊貴。

攝影師在備註上說明，這幫人只是為了證明自己不用幹體力活，有人伺候，是很富貴的人。其實這種歪風在二十世紀末還能見到，已經下漸到了城市平民階層，一些慵懶又羨慕富貴的人，也故意留很長的指甲，說這是富貴美麗甲。

同樣的，在北宋末年，裹小腳這一惡習，恰好讓富貴家庭有了炫耀的資本。他們家庭裡的女子，確實不必從事任何體力勞動，不用下地幹活，也不用去田間地頭給丈夫送飯，甚至不用自己照顧孩子乃至哺乳，不用拋頭露面，連擦屁股都是別人代勞。他們便爭相給女人裹足，以炫耀自身地位。

婚姻又講究門當戶對，富貴家的小腳女，嫁的都是官員、士人、生員。而窮苦人家的大腳女，只能嫁給莊稼漢。為了讓女孩嫁得更好，民間的比較也開始了。到了最後，竟有了女人必須裹小腳的觀念。

與之相反，在這種殘忍又惡劣的風氣之下，參與勞動的女性往往有一雙天足。如湖北襄陽「農家皆天足，多從其夫耕田」，湖南「天足頗多，不僅與粵接壤之各縣也」。其他凡女性積極參與勞作和社會事務的，也都是天足，如朱元璋的妻子馬皇后，早年奔波勞碌，便是大腳。

古時的人們發出這樣的感慨：「天足亦固有之，第不能見諸富貴之家耳！」天足本來就有，但是從來不在富貴之家，都在貧民階層。

實際上，本著實用的態度，明清宮廷裡的宮女，都是不裹腳的。清代的情況比較好理解，滿族是漁獵民族，本身就沒有裹腳這個惡習。而明代宮廷內的宮女需要幹許多雜活，必須要確保下盤穩固。

明代學者沈德符在《萬曆野獲編》中解釋說，這就是為了方便勞動。「凡被選之女，一登籍入內，即解去足紈」、「取便御前奔趨無顛蹶之患」。她們大多已經裹了半足，放開以後，穿的鞋與外界不一樣，是便於勞作的半大樣式。

裹了小腳的女人，自然也需要洗腳，需要透氣。晚上睡覺前要拆下裹腳布，取而代之的，是一種類似弓鞋的睡鞋。它有粽子大小，質地很像現在的軟底練功鞋，穿上以後較緊，但薄，可以維持腳掌的形狀，卻比裹布鬆快許多。等第二天醒來，女人要繼續纏上裹腳布。

清朝統治者入關以後，曾發布過禁止裹足的命令，但是得到的卻是士紳的激烈反對，以致沒有推廣下去。

太平天國令行禁止裹腳，成功地推廣了天足。但是天國只持續十來年就覆滅了，社會又恢復了原本樣貌。到了清末，開風氣之先的上海等地率先宣導天足，收到了一些效果，但確實有限。因為裹腳的觀念已經根深柢固，非要來一次大的運動不可。

辛亥革命之後，才有了全國範圍內的禁纏足令，不過阻力依然是很大的，基本上到不了小縣小城。現今，人們的觀念有了天翻地覆的改變，認為天足才是正常的，裹腳的惡習遭到唾棄，更沒人會想念古時的金蓮小腳。

12 古代有輿論戰和新聞式廣告文嗎？

明代文學家陳繼儒考上秀才後，便隱居在松江的山林裡。他工詩善文，書法、繪畫水準非常高，他的作品《小窗幽記》更是發行數百年而不朽的名著。

陳繼儒因才學卓異，屢屢被朝廷徵召，但他均告病婉拒。然而，《嘯亭雜錄》卻記載了這位隱士因「新聞式廣告文」（亦稱軟文）收費問題而挾憤報復他人的事。

東江主帥毛文龍是一個非常注重自己人物設定的將領，他往往用人參、貂皮賄賂顯要，並聘請大量文人為自己寫軟文。陳繼儒就是被邀請的其中一個，但他「邀以重價」，毛文龍認為他獅子大開口，放棄合作。

遭到拒絕的陳繼儒「深恨之」，將毛文龍諸多不法之事及擅權專用、囂張跋扈的情況，透露給董其昌。董其昌對這些事早有耳聞，便在門生袁崇煥的督師薊遼臨行前來拜訪他時，請薊遼轉述給袁崇煥，讓袁崇煥小心這個毛文龍。後來，陳繼儒又勸內閣錢龍錫殺死毛文龍。袁崇煥後被誣死，錢龍錫受到牽連，錢家人認為就是陳繼儒搞的鬼，跑去他家臭罵三天。

軟文其實是極早就有的，而有史以來最有名的軟文，當數西漢初年司馬相如的〈長門賦〉。

漢武帝青梅竹馬的妻子陳阿嬌因為嫉妒，意欲謀害衛子夫，策畫巫蠱，實施詛咒，還和作法的女巫出雙入對，宛若夫妻，觸怒了漢武帝。陳阿嬌被漢武帝送到長安郊區的長門宮「休養」，雖然待遇不變，但其實等於被幽禁了。

為了讓漢武帝回心轉意，陳阿嬌請當時最著名的文學家司馬相如、卓文君夫妻到長門宮，報銷往返路費，奉上了一百金（漢及以前，一金恰好重一斤，也就是說，一金就是一斤，約為兩百五十公克，金子的形狀通常為餅狀，也有馬蹄狀的）的稿酬。司馬相如精心構思，才有了名垂千古的〈長門賦〉。漢武帝看了以後，確實非常感動，但還是拒絕了阿嬌的請求。

實際上，歷史上豢養文士當門客的達官貴人，都是引動輿論的高手，足以左右朝局。個人可以發動輿論，諸侯國之間也有輿論戰。

《管子》的〈輕重篇〉，雖然不是管仲本人的作品，卻是齊國稷下學宮的學者傳承管仲思想而創作的。在這個故事中，管仲尤其擅長憑藉齊國的經濟優勢，配合輿論戰實施經濟打擊，「下魯梁」就是他的代表作之一。

齊國在山東半島，沿海，有漁鹽之利。即便它身處半島，西南是魯國和梁國，都有盛產糧食的沃野，局面比較穩定，但這樣的位置也有壞處。對齊國來說，魯、梁兩國的存在就是「蜂螫」，像馬蜂一般讓人討厭。齊國經常與它們產生邊境摩擦，一有矛盾，它們就能阻斷齊國與內陸的交流，於是齊桓公想要削弱它們。

但削弱它們又頗費兵力，是要花很多錢，死很多人的，還不一定能成功。於是，管仲便設計出一種非直接對抗的貿易戰，使魯、梁百姓主動放棄糧食生產，改為產「綈」。他的計畫是這樣的：「由齊桓公率先穿綈，又讓貴族們都穿綈。讓管仲安排，發動輿論，使齊國文人爭相誇讚魯國服飾。上行下效，全國人民都穿綈。同時，嚴格禁止本國產綈，想要穿，就必須從魯、梁購買。」

物以稀為貴，綈的價格被推到很高。魯、梁兩國人當然想大量種桑，賺更多的錢，便紛紛放棄種糧，「則是魯、梁釋其農事而作綈矣」。等這兩國絕大多數的土地都種了桑，糧食多半依賴進口。齊桓公突然不再穿綈，並再度發動輿論戰，詆毀魯國，又說魯國的服裝是最差勁的，魯國人的心眼是最壞的。

此時的魯、梁兩國，沒有糧食儲備，大量的綈又賣不出去，當年就出現了嚴重的經濟危機及大饑荒。這種突如其來的災難，無法得到快速的賑濟，固然可以用很長一段時間把國家扳回正道，但老百姓餓啊。

怎麼辦呢？唯有逃亡。

逃到哪裡去？逃到富庶的鄰國去！

哪裡富庶？齊國富庶。

哪裡歡迎魯、梁移民？齊國歡迎！

齊國敞開了國門，還發免費粥，對難民進行經濟補助。至此，「魯、梁之民歸齊者十分之六」。

管仲發動的貿易戰，成功地增加了齊國的人口和實力，而使魯、梁迅速衰落。這種計謀的實現，得益於他宏觀的謀畫，卻絕不是人們想像中那樣簡單。它還有賴於齊國君臣上下盡心盡力地傾情表演，相互之間的信任。對核心目的祕而不宣，組織文人之筆，鋪天蓋地煽風點火。

如何使齊國人民相信魯、梁的綈真的比齊國的好？又如何讓魯國人天真地以為齊國人真的認為他們的綈好？如何讓魯、梁君臣放下戒心？如何讓他們在危險如此明顯的情況下依然樂觀，誤入歧途？

管仲都有實際操作的經驗。

作為齊國國相，他往往透過魯、梁商人傳口信。商人雖然也愛國，但往往道德感比較低，最先注重的是利潤。管仲為商人們提供了「買綈補助」方案，凡從魯、梁兩國往齊國出口一千匹綈，就可以領取金三百斤，可以說相當讓人眼紅，就算是普通百姓也要爭相當商販了。

同時，魯國有民稅，有商稅。商人賺了錢，是要繳稅的。如果使魯國人都種桑，則沒有糧。商人能繳那麼多稅，魯國國君又想施行仁政，索性不讓農民交糧。至此，管仲算是親自為魯、梁國君打造了「仁君」的人物設定。如此好事，百姓還不感激涕零？國君也不用派遣糧差費力徵稅，只用在關卡坐收商人的稅，開源節流，省了很大一筆錢。國君出於實際利益的考量，並沒有理由拒絕管仲提出的互利共贏政策，地方上也主動推進種桑事業。

光是這樣還不行。這種策略能欺騙目不識丁的百姓，欺騙鄙陋的肉食者，卻欺騙不了魯、梁的有識之士。為此，在切實的利益誘導前，管仲還特別實施了「國君服綈」

計畫，使魯、梁兩國陷入狂熱。

他請齊桓公穿魯國造的綈裝，在齊魯交界處的泰山之陽大肆招搖，出席兩國重要領導人會面活動。在桓公的倡議下，國君們允許國民旁觀。此招看似親和，實則凶狠異常，是管仲使出來的絕命招。

他太瞭解人心了。

魯、梁兩國掀起了一股國家自豪熱潮。在洶湧磅礴的輿論面前，少部分有識之士的呼聲被淹沒了。加上實際上已經被賄賂的商人、得了利益的農民，以及接受了免費贈送的官吏不遺餘力地推波助瀾，所有人已經顧不得近在眼前的危險了。以至於凡有刺耳的反對聲，就會遭到辛辣的嘲諷。

就這樣，魯、梁兩國，徹底被齊國欺騙到瘸了。

但事實上，整個過程，就連齊國本國人也被騙了。他們也在管仲的欺騙下，一度認為魯綈真的很好。齊國商人在管仲的捐助下，跑去魯國收購服裝，「郭中之民道路揚塵，十步不相見，絏繑而踵相隨，車轂齺，騎連伍而行」。甚至出現了魯人瘋狂賣綈買糧，齊人瘋狂賣糧買綈，雙方其樂融融的美好景象。

等大局已定，時機成熟，齊人回來後，管仲立即讓齊國上下「去綈閉關」。國民不准再穿綈，邊境全部封閉，直接切斷了與魯、梁兩國的溝通交流。

由於齊國「睦鄰友好」的政策，魯、梁親齊，與其他內陸國有摩擦也不去顧及，因此交惡，短時間內得不到糧食援助。國內「餓餒相及」，等百姓受不了了，齊國才打開邊境，慷慨地接收難民，並再度發動輿論，讚揚齊國仁義之舉，為國際社會所稱道。

在管仲與齊桓公的配合下，齊國成了屹立於東方的大國、強國，稱霸於諸侯。

我們可以把這則故事，看作醒世的寓言。數千年來，國與國之間的輿論戰一直都有。其特點是對方極其希望你去做某件事，並說做了某件事後對你有好處，而一旦你這麼做了，就是人生毀敗的開始。

輿論戰存在於日常生活的許多地方，人們的價值觀在潛移默化中發生了改變。因此，我們還是要實事求是，依據扎實的證據、親身的實踐，形成自己的主見。

13 為什麼古人會認為沒有兒子等同於「絕後」？

《初刻拍案驚奇》有一章〈占家財狠婿妒侄，延親脈孝女藏兒〉，寫的是樂善好施的劉員外選擇繼承人的故事。

劉員外賺了很多錢，在地區性富豪榜榜上有名，卻沒兒子，只有一個女兒，名叫「引姐」，為人很不錯。但劉員外選女婿的時候看走了眼，女婿張郎刻薄寡恩，貪財卑鄙。一開始表現出來的恭敬模樣，還選擇了倒插門（入贅），其實就是因為覬覦他的家產，所以才傾力表演。

劉員外後來知道張郎又貪又狠，偌大的家業不想全給他，就想著把家財分一分，主要傳給親手養大，又對他很孝順的侄子。他還納了一個叫小梅的小妾，經過一番努力，讓小梅懷了孩子。

小梅懷孕之事，讓張郎心急如焚。他畢竟是個算計人，搬弄是非的能力很強，成功挑唆了丈母娘李氏和侄子的關係，將侄子趕出了家門。接下來就要想辦法整小梅，讓她失蹤。沒想到，張郎還沒怎麼發力，小梅就真的失蹤了。

如此，引姐便成了富豪唯一的繼承人。但是，需要注意的是，和現在不同的是，在古時，說是引姐繼承，實際上就是張郎繼承。古代女人「三從四德」，未嫁從父，既婚從夫。往後張郎霸了家產，一定不會承認自己原先是個倒插門的女婿，他若要再去吃喝嫖賭、為非作歹、休妻娶新，也根本由不得引姐。

為了麻痹張郎，劉員外故意表現得和侄子關係很差。在街上遇見侄子便追著打，也不去找失蹤了的小梅。這讓張郎非常得意，自以為得計，料定家產已屬於自己，巴不得岳父、岳母趕快死，對他們完全沒有好氣。

劉員外非常心痛，想著那麼多錢最終會給這種貨色，還不如直接散給窮人。這天，他決定拿出一部分錢來資助無家可歸的貧民，計畫一戶給一千文。如果是孤兒，就給五百文。

這可把張郎給心疼壞了，岳父竟拿他的錢施捨給別人，他能不生氣嗎？

散財時，他們遇到了兩個乞丐。其中一個有個兒子，另一個沒兒子。沒兒子的乞丐想，如果孤兒能再領五百文，為什麼不讓夥伴的兒子假裝不認識他爹呢？於是他就把主意告訴了夥伴，兩人一個出計，一個行謀，說好事後分錢。兩個大人，一個小孩，一共領了兩千五百文錢。

但事後，多領了五百文的有兒子的那個乞丐不認帳了，兩人就打了起來。有兒子的指著出主意的「千絕戶，萬絕戶」地罵：「我有兒子，我自己的錢，關你這個絕戶的什麼事？」

劉員外見狀，要張郎快把人拉開。劉員外搞清楚情況，想起自己也沒兒子，也是個任人吃的絕戶，竟號啕大哭起來。

故事最終的結局是好的，但是，在這個故事中，人們都默認女兒不是傳承人，默認女婿張郎就是個「吃絕戶」的。

這還算好，張員外是城裡人，城裡的宗族組織較為鬆散。如果是鄉村地區，鄰里多是五服以內的近親，就由不得他如此分配了。通常，如果男人撇下孤女寡母離世，從喪禮開始，他的家產就已經被周邊的人算計完了。

一些沾不著邊的族人，總是慫恿母女將喪禮大操大辦，好使富人變窮，他們心裡頭能好受一點。但近親又不這麼想，他們不僅要保住資產，還要將保住的資產劃到自己的名下。這些資產又不能強占，便想辦法虛報帳目，在主持喪禮時將喪主家的錢訛光。事後，家產通常也會被宗親開會分去。無賴多得，講理的少得，唯有母女無可奈何。

這是「宗男留守，宗女外嫁」的制度導致的。生產力發展到這個階段，男性是田間的主要勞動力，占據著主要資源。而「男女同姓，其生不蕃」，人們已經意識到同宗同姓的婚姻會產生很大的問題。因此，他們必須確保夫妻不同宗，方法就是將女兒嫁到別的村莊去，與外村異姓人組成家庭。

當一戶人家有女無兒，就會出現孤立無援的狀態。因為他們生的女兒終究會離開家，嫁到別村。家裡頭又沒有子嗣，人一走就全空了，因此才被稱作「絕戶」。

我們現在的觀念認為，女兒和兒子一樣都是繼承人。但在古代，不僅嫁出去的女兒等於潑出去的水，高昂的彩禮實質上也有把女人買斷的性質。女性嫁到別村生出的孩子，也跟別的姓氏。女人本身也是別人家的人，就連殘酷的族誅，通常也不會牽連到已經嫁出去的女人。

因為是外姓，外孫、外孫女，就不能參與宗族資源的分配。沒有兒子的絕戶的資產，便首先由近門宗親覬覦。很少有人顧及沒有發聲能力的寡母的情緒，形成了「吃絕戶」的惡習。

《聊齋志異》中有一則〈段氏〉，主角段瑞環是個富翁，四十歲了還沒兒子。妻子連氏又悍妒，不許他納妾，家裡的女婢都讓她給賣了。段瑞環越來越老，到六十多歲，想過繼一個侄子。本來這事兒連氏不反對，因為如果不過繼個男孩，老段死後，她是守不住家財的。奇怪的是，其他侄子堅決反對，總之是立誰都不行，立其中一個，別的侄子就從中作梗。

與此同時，諸侄又絕不肯吃一點虧。做侄子的當然會想，你都沒後了，留那麼多錢有啥用？於是「朝夕乞貸」，以借錢、貸款、求幫忙的名義「借」段瑞環的錢財。段瑞環又不傻，不想給錢，侄子們就不停地罵他，敗壞他的名譽，持續騷擾他，直至把段瑞環弄服氣，答應「借」錢給他們。

連氏雖然強悍，但也治不了那群人，恨得她破口大罵，說六十歲照樣能有後，遂同意段瑞環買妾。然而，兩個小妾還是沒能給老段留個後。後來老段中風在床，侄子們非常高興，認為吃絕戶的時機已經到來，都跑來牽牛勒馬，搶奪家產。

等段瑞環蹬腿死了，這幫侄子聚在靈前，並不哭喪，反而開會討論如何分配死者家產。連氏制止不了，只求他們能給自己留個住的地方。但他們連這一點要求也不同意，還說她自己沒本事生兒子，才是段家的罪人，實際上他們巴不得她生不出來。至於她是去破廟住，還是去要飯，抑或是回娘家過寄人籬下的生活，他們才不管。

正在連氏絕望之時，突然出現了一個人，上來就給連氏磕頭。來者是個青年，並說自己就是段瑞環的兒子，一問之下，還真的是。

原來，連氏之所以發賣婢女，正是因為老段和婢女有私。那婢女後來大著肚子嫁了人，結婚五個月後生了兒子。那邊的人也不傻，知道孩子不是自家的，不認他。他聽母親說起才知道，自己原來是段瑞環的兒子。

突然躥出來一個兒子，讓諸侄相顧失色，倒是連氏喜出望外。

古時和現代的不同，正在於此。放在現代的環境下，要是冒出這麼一個別人生的孩子，肯定弄得雞飛狗跳，怎樣都不會有母子名分。但是，古時不一樣，連氏是這家的主母，她沒有孩子，那麼家庭內一切妾、婢的孩子，都要認她為母親。

既然有了兒子，兒子就是繼承人，那自家的家產，關較疏遠的侄子什麼事呢？侄子們退卻了，但後來又開始造謠，說那小子根本不是段瑞環的種，要驅逐他。但是，小段因為妻子家族的幫助，得以與段瑞環的那幫侄子抗衡，成功地保住了家產，也保護了連氏。

從這個故事中我們可以知道，古時的「絕戶」不單單是指沒有子嗣那麼簡單。沒有子嗣，只是絕戶的表徵。與之相應的，是家庭勞動力的缺失，無人養老，以及既有資產被搶奪的問題。想要解決這個問題，就必須改變既有的社會關係。

如今，宗族社會在絕大多數地方已然瓦解。即便是宗族聚集的鄉村，人與人之間也沒有原先那樣的強關聯了。與此同時，《繼承法》的實施，以及人們觀念的改變，使得兒女都可以成為繼承人。雖然社會上依然有不少爭財產的情況，總歸不如古時那樣瘋狂，是有法可依的。

「絕戶」已經成為歷史，也不再是人們對惡人的詛咒，這個改變的發生基於較為完善的養老制度和公允的遺產分配制度。只有在這樣的保障下，人們才沒有後顧之憂。

14 為什麼徐霞客的兒子姓李？

原本，我們是看不到《徐霞客遊記》的。

《徐霞客遊記》是明末旅行家、地理學家徐霞客所著的散文遊記，現存的篇幅字數就有六十多萬，是系統考察中國地質地貌的開山之作。然而，它的流傳過程，也和徐霞客的人生一樣，充滿了曲折。

明崇禎十三年（一六四〇年），歷經三十多年跋涉的徐霞客雙腿已廢。在漫長的旅行途中，他只有一根手杖，一床被子，基本上不帶糧食，常常要忍受連日的飢餓，「凌絕壁，冒叢箐」。那時候他的身體很好，攀緣絕壁，宛若猿猴，負篋行走，穩如黃牛。他和山魈、精靈、猢猻、螢火為伴，睡在洞穴，飲用溪水，儼然野外生存達人。

然而，人終究不是神仙。攀登絕境，石縫不能容腳的情況很多，許多次他都差點掉下去摔死。草鞋磨破他的雙腳，強涉暴雨後的山道，割破他的小腿，雲貴高原的冷雨澆在他的身上，使他全身麻木，險些失溫而死。

最後，雲南的地方官把他送回了江陰。人們問他：「你這是何苦呢？」

他回答：「張騫開闢道路，卻未能一睹崑崙的面貌。玄奘、楚材背負使命，得以西遊遠方。我，只不過是一介布衣，靠一根杖，一雙腳，窮盡河沙，遊歷崑崙，題名絕境，而與三位先生做著同樣的事，雖死無憾！」

一年後，徐霞客病逝，他的作品也經由好友進行整理。

首先是他的親友王忠紉在受囑後，將徐霞客的作品帶回無錫進行排序。然而，由於長達幾十年的遊記文稿有大量缺失的部分，這個排序的任務非常艱鉅。當他被朝廷派往福州任職後，便將手稿交還給了徐霞客的兒子徐屺。

徐屺自知能力有限，又將稿件交給徐霞客的好友季會明。季會明對遊記進行了細緻的整理抄錄，然而，這次整理出來的稿件，卻在清軍南下，江陰守城時，城內趁機發生的「奴變」之下被焚毀，包括徐屺在內的徐家二十多口人均被殺死。

在江陰原典史閻應元的帶領下，江陰士民守城八十一日。城破後，清軍燒殺搶掠，全城僅留下五十三個活口。人尚且如此，就更別說稿件了。但幸運的是，季會明並沒有死，那些喜歡抄錄、收藏書籍的人也沒有死絕，他們都事先避難而出。局面穩定後，季會明返回江陰，繼續搜集並整理徐霞客的作品。

由於原稿件文筆卓絕，景象描寫令人驚歎，剛出來就有不少人傳抄。季會明把每份殘卷彙編起來，竟組成了厚厚的書稿，使《徐霞客遊記》「失而復得」，他不禁感慨：「危矣哉！幸矣哉！」

季會明的兩次整理，對《徐霞客遊記》的流傳具有最關鍵的作用。不過，相較最初的版本，這一版的稿子畢竟又有所散佚，實屬遺憾。而「諸本之祖」，實際上是又過了二十年，由學者李寄整理的。

李寄是徐霞客的親生兒子。徐霞客的親生兒子為什麼姓李？原來，李寄的母親姓周，父親姓徐，他既沒隨母姓，也沒隨父姓。這是因為周氏只是徐家的一個婢女，曾與徐霞客相好。此時，徐霞客的原配已經去世，續弦羅氏善妒，怕婢女受寵，等徐霞客出遊的時候，借著徐霞客母親三年喪期未滿，周氏就懷了孕的事實，將周氏驅逐出門。

其他徐家人看起來並不願意接納主人與婢女私情偷生的孽種，為了讓周氏滾遠一點，他們把她強行婚配給了遠在江陰郊外山上看守徐氏墓園大門的老光棍，那個人姓李。因此，徐霞客親生兒子，就叫李寄了。

寄者，寄居也，沒有著落。後來，李寄給自己取字「介立」，比喻自己既不是李家人，也不被徐家人接納，介於兩者之間。煢煢孑立，形單影隻，而性情又十分耿介。他秉承了徐霞客好學的基因，潛心苦讀，終於成了當時有名的大學者。

江陰屠城時，被排擠在外的周氏與二十七歲的李寄還在一起生活。因為山林十分偏僻，自然倖免於難。而李寄僅憑小學那兩年的一點基礎，刻苦自學，一箱一箱地借書閱讀。後來他聽母親講父親徐霞客的故事，便立志也要做那樣的人，要整理父親的遺作。

當他完成這個使命時，已是康熙二十三年（一六八四年）。那時，他也從意氣風發的少年變成了步履蹣跚的老人。他拄著拐杖，找到了宜興史夏隆家，因為他聽說史夏隆收藏了十八年前秀才曹駿甫的第一版抄本，一直珍藏著。

李寄來到後，史夏隆顫顫巍巍地將這一版本的遊記交給了他，告訴他一定要將其父親的文章發揚光大。但這個抄本被太多人刪改過了，辨別起來很困難。李寄竟透過太陽，從日影中照出被壓在下面的原文，增補了〈遊太華山記〉等數篇文稿，進一步填補了《徐霞客遊記》的缺憾。

李寄雖未曾見過徐霞客，卻得了徐霞客的真傳，為人處世很有徐霞客的風采。他博學多才，交遊廣泛，性格開朗。曾參與過科舉考試，他的文章被常州知府祖星岳大為讚賞，點為第一。但李寄事後卻十分懊悔，父親徐霞客秉承先祖遺志，做的是經世致用的學問，做的是對社會有用的人，做的是真正有意義的事，而不是蠅營狗苟，干謁求榮。

李寄決定不再參加科舉考試，拒絕了賞識者的好意，轉而潛心搜集並整理包括父親作品在內的先賢遺作。他還要遊歷山川湖海，用自己的方式，過完光輝燦爛的人生。

他的著述頗豐，編纂成了《歷代兵鑑》一百二十卷、《隨筆》十六卷、《輿圖集要》四十卷。然而，這些書的絕大部分，都在後來的兵火動盪中散佚。留給我們的，只有李寄的寥寥數語而已。古時浩如煙海的書籍絕大部分都是這樣的遭遇。經由歷代求學者鍥而不捨的努力，才留下了現存的珍貴典籍。

李寄曾經向生活妥協過，因為遊歷與搜集書稿，乃至基本的生活都需要花費。為了實現更宏偉的人生理想，他做過小學老師，受祖星岳的邀請當過幕僚，當然，這也是為了報答祖星岳贈送他一整套「二十一史」的恩情。

雖然需要生活，需要糊口，但他永遠沒有忘記自己想要做什麼，故而不甘於對他來說能輕易取得的物質享受，反而堅持努力實現精神追求。嚼得菜根，百事可做，他不再妥協。

江陰文人趙曦明記載，李寄的生活非常清貧，但家裡的求訪者絡繹不絕。李寄從不接受別人無端的餽贈，曾經有人聽說了他的大名，跑去山裡拜訪。在山路上碰見一個光著屁股的人，蹲在松樹底下看書。這個人一問，才知道他就是李介立（李寄）！他之所以沒起身，是因為他只有一條褲子，這條褲子剛洗過，還曬在樹杈上。

朋友來訪，李寄沒什麼可招待的，就給朋友泡松果茶。朋友送來的衣物，他都婉言謝絕。一如當年雲南的官吏問他的父親徐霞客一樣，自然也有人問他：「你這又是何苦呢？」李寄笑著反問：「苦嗎？」

在我們的人生道路中，基本的物質生活自然是要確保的。然而，人們又極容易陷入追求物質生活的巨大圈套，最終落入無止境的比較與懊惱中，且以此評判所有人的人生價值。

「學問之道無他，求其放心而已」，學問之道沒有別的，不過就是把那失去了的本心找回來罷了。李寄正是如此，他的信念是如此的堅定，因為不失本心而豁達開朗，烏雲不遮，陽光普照，四時澄澈，故而逍遙自在。只有一條褲子可穿，是常人不能忍受的困苦，卻是他的快樂。求仁得仁，又有何怨？

15 北宋張載的「橫渠四句」到底是文人的空談，還是對天下的終極關懷？

「為天地立心，為生民立命，為往聖繼絕學，為萬世開太平」，是北宋哲學家張載提出的讀書人應有的精神追求。

他居住在橫渠，人稱「橫渠先生」，後人將這四句話總結為「橫渠四句」。它是讀書人關懷天下的體現，提醒著人們讀書、學習的真正目的。

千百年來，橫渠四句一直是許多讀書人的座右銘，人們對其推崇備至。讀書、做事、入仕，自然可以求得功名富貴。然而，功名利祿只是外在，要為自己和天下人找到放逐的「心」，著實為百姓的生存及生活不辭辛勞地奔走，傳承歷代先賢的學問，為未來千秋萬世開創一個太平的世界，才是讀書人最應該做的事。

不過，橫渠四句近來面臨不少的鄙夷和貶斥。明代中後期至二十世紀初，中國在發展上全面落伍。人們想要找到落伍的原因，自然而然地指責空談家，表揚實做家，而文人是最擅長談論的。

但是，文人這個群體太大了，由於古代識字率不高，凡識文解字有作品傳世者皆是文人。有些人甚至認為中國近現代落伍，是兩千五百多年前的孔子的責任，但是，既然要他為近現代落後負責，那麼他也該為強盛時期負責，否則實在是講不通。

事實上，一代人只能做一代人的事。做好一代人的事，就是做好千秋萬世。孔孟老莊，只能做出他們應有的關懷，要做出符合時代的思考，無法脫離當初的社會現實。

中國近代落伍是不可爭辯的事實，但無論如何也談不上從未領先過。但是，有人拿牛頓、法拉第等國外偉大科學家與中國古代文人對比，認定後者對人類沒有貢獻。實際上是陷入了文理分家的窠臼，對比的對象也是錯誤的。

科技帶來更高品質的生活，然而社會的運行是有賴於「人」的。甚至科學研究本身很大程度上也有「人」的因素。神舟飛天，樓高百尺，日行萬里，物流調配，疫苗接種，便宜藥價，都必須依託人類的組織性，也就是人文特性。

在這個紛繁的世界，面對形形色色的人與物，今人與古人其實是有相似的心理問題的。為天地立心，探索的就是這個問題的終極解決方案。

「仁，人心也。人而不仁，則天地之心不立矣。」我們總以為古人所說的「仁」是指仁德、道德。由於道德總是被當作枷鎖施加給別人，被用來滿足自我的私欲，人們對這個詞的印象不是很好。

然而，在宋明時期，「仁」被解釋為「心」。人們追求外物，想要取得很好的成績，獲得大額的獎金，擁有漂亮的裝修，買得起昂貴的車馬。但即便如此，很多時候依然無法使內心安定下來。年紀漸長時就更是如此，人們除了聲名財貨，對其他事情漠不關心，也就失去了本心。失去本心，做什麼事就都心不在焉，這就是「麻木不仁」。

張載之後，人們還在探索「心」的道理。朱熹認為修心必先格物致知；格物致知，就要搞清楚每一件物品、每一件事的內在邏輯。王陽明起先追尋他的足跡，感悟到朱熹的錯誤，「聖人之道，吾性自足，向之求理於事物者誤也」。

人不可能窮盡每一樣事物。但是，人皆有惻隱之心，如思念至親、期待愛情、扶助弱小，而正當的人欲，也不外乎天理，是心的光明之所在。只要專格內心，致良知而知行合一，一切問題就都迎刃而解了。

不要去想竹子、花朵、樓房、車馬、成績。當我們手中有工作，且用「敬」工作；有要學的東西，就用「敬」學習。無論何事，只是「精一」，用「敬」去學，做官、做事，文學、數學，皆是如此。

明人解決了「心」的問題，也就解決了「命」的問題。

王陽明狡詐專兵，用心深險，淵淵莫測。但對於生民，卻誠心誠意，如赤子一般坦誠。寧王之亂後，朝廷派來的北軍在南昌為非作歹。王陽明將城中大部分百姓移到鄉下，讓軍隊亂無可亂。他對北軍又是什麼態度呢？每逢在路上遇見北軍士卒，他都會握著他們的手關心其疾苦，問的全都是士卒真正關心的飢飽冷暖，並真的掏出錢物來幫助。他號召百姓也這麼做，這讓士卒非常感動，不願再滋擾百姓。

事實上，當時的局面非常險惡。由於王陽明定亂太快，皇帝御駕親征，沒能趕上。北軍將領張忠奉命善後，卻到處欺壓百姓，將稍有資產的民戶都打成寧王逆黨，要收繳「逆產」，同時想將王陽明也打成叛賊。

於是王陽明立即著手搜集張忠和寧王有關聯的罪證，迫使張忠不得不收斂起來。張忠懷恨在心，慫恿北軍謾罵王陽明。但王陽明依然關愛士卒，使北軍內部也漸漸有了讚揚之聲，都說這個人厲害。

張忠氣急，又拉王陽明到軍中做客，想透過軍人擅長的比武射箭，羞辱他這個文人。結果就是自取其辱，北軍射手射得雖然不錯，但不盡如人意，王陽明則三箭皆中靶心，南北軍民齊聲喝采，徹底心服口服。

「射箭」技藝的學習，與其他事是一樣的，類似千事萬事，都只是一件事，「立心」即可。而「為生民立命」，也在其中。當一個人有了心，自然而然地便有了對於生活的熱忱，對於他人的愛。

這是宋明學者給我們後人留下的遺產。往聖絕學，不只指聖人著作，還有先賢各種著作與思想，是指一切文明之光。文化的優秀傳承，離不開歷朝歷代矢志不渝的文化傳播者。

不世之才可以平定戰亂，但他們更想設計一套穩健的系統，使萬民生，萬民活；要使政策有條不紊地施行，與蠶食生民利益的龐然大物進行長達數百年的角逐。

歷史就是這樣一個前進的過程，它的社會制度是不斷演變的，文化是不斷積累的。不變的是人心，當人民的利益被忽視，生命被忽略，就會喊著「王侯將相，寧有種乎」揭竿而起，成立新的政權，改掉前朝的毛病，完成新的使命。

從某種意義上來說，「為萬世開太平」，依然是一個宏偉而又難解的命題。科技發展到今天這個地步，也很難說自此太平。但是，如果世人果真懷著光明之心，世界必然變得更加美好。

古人的想法真奇怪：52個有趣提問，串起古人的世界觀、人生觀、價值觀

作　　者——豆　子
封面設計——江孟達
內文設計——劉好音
特約編輯——洪禎璐
責任編輯——劉文駿
行銷業務——王綬晨、邱紹溢、劉文雅
行銷企劃——黃羿潔
副總編輯——張海靜
總 編 輯——王思迅
發 行 人——蘇拾平
出　　版——如果出版
發　　行——大雁出版基地
地　　址——231030新北市新店區北新路三段207-3號5樓
電　　話——（02）8913-1005
傳　　真——（02）8913-1056
讀者傳真服務—（02）8913-1056
讀者服務E-mail— andbooks@andbooks.com.tw
劃撥帳號 19983379
戶　　名 大雁文化事業股份有限公司
出版日期 2024年4月 初版
定　　價 450元
ISBN 978-626-7334-80-5

原書名：《古人的想法真奇怪》
作者：豆子
本書中文繁體版由讀客文化股份有限公司經光磊國際版權經紀有限公司
授權大雁文化事業股份有限公司／如果出版在全球
（不包括中國大陸，包括台灣、香港、澳門）獨家出版、發行。

國家圖書館出版品預行編目資料

古人的想法真奇怪：52個有趣提問，串起古人的世界觀、人生觀、價值觀／豆子著. – 初版. – 新北市：如果出版：大雁出版基地發行, 2024. 04
面；公分
ISBN 978-626-7334-80-5（平裝）

1. 社會生活 2. 生活史 3. 中國史

610　113003472

圖書許可發行核准字號：文化部部版臺陸字第113060號
出版說明：本書係由簡體版圖書《古人的想法真奇怪》
以正體字在臺灣重製發行，期能藉引進華文好書以饗臺灣讀者。

如果